仲裁研究

ARBITRATION STUDY

第四十七辑

广州仲裁委员会　主办

法律出版社
LAW PRESS·CHINA

仲裁研究(第四十七辑)

编辑部地址:中国广州市沿江中路298号江湾商业中心14楼、17楼
邮　　编:510100
电　　话:(020)83283520
传　　真:(020)83283773
网　　址:www. ccarb. org
E-mail:zcyj@ gzac. org

广州仲裁委员会简介

广州仲裁委员会（以下简称广仲）是 1995 年《仲裁法》颁布之后最早成立的仲裁机构之一。为更好地服务珠三角经济发展，广仲分别于 2005 年、2006 年在东莞市、中山市设立东莞分会、中山分会。与此同时，广仲自 2011 年起就着手专业仲裁院的建设，分别成立了金融仲裁院、知识产权仲裁院、建设工程仲裁院、广州国际航运仲裁院。

广仲自成立以来，秉承独立、专业的原则，公正、高效地解决民商事争议。随着公信力的不断提升，广仲近年来业务年均增长超过 30%，受理案件数量位于全国仲裁委员会第一，案件覆盖金融、建设工程、房地产、投资、航运、互联网等各行各业。案件当事人涉及多个国家和地区，如美国、德国、韩国、加拿大、新西兰、巴西，以及我国港澳台地区等。

2012 年，广仲设立中国南沙国际仲裁中心（以下简称南沙中心），联合港澳仲裁界以南沙中心为平台，共同推广国际商事仲裁制度。南沙中心适用国际化的仲裁通则、开放的仲裁员名册，同步运行大陆法系、英美法系和中国特色社会主义法律体系三套庭审模式，拥有资深的港澳专家组成的专家咨询委员会。2018 年 9 月 3 日，由广仲牵头、大湾区城市群的仲裁机构共同倡议的粤港澳大湾区仲裁联盟正式成立，并在南沙中心设立联盟秘书处。

同时，广仲率先在国内推出互联网仲裁平台，通过新一代信息技术的赋能，让仲裁变得更加便捷高效。广仲建设了基于加密网络的专有云平台方案的远程音视频开庭系统，不仅可以做到涉网纠纷线上申请、线上审理，也可以实现其他案件的远程审理。

以三大庭审模式叠加互联网仲裁为特色，广仲积极开拓涉外领域，打造商事仲裁“广州模式”，将仲裁服务延伸到“一带一路”沿线国家。2019 年 11 月 20 日，南沙中心以远程开庭的方式审理了一宗国际货物销售合同纠纷案件，中国当事人身处广州，而柬埔寨当事人则身处金边。此案开创了国际商事仲裁案件远程庭审的先例，从立案到当庭达成和解仅用了 15 天时间，充分体现了仲裁高效便捷的特征。如今，借助商事仲裁“广州模式”，广仲可以根据当事人的需要调用内地/大陆，港澳台地区，甚至全世界的优质商事仲裁法律服务资源，为全球当事人提供高质量、便利化的商事仲裁服务。

本会地址：中国广州市沿江中路 298 号江湾商业中心 14 楼、17 楼

邮编：510100

案件受理咨询电话：（020）83287919　83288547　83283771（传真）

网址：www. gzac. org　www. ccarb. org

About Guangzhou Arbitration Commission

Guangzhou Arbitration Commission (hereinafter referred to as GZAC) is one of the earliest - established arbitration institutions after the *Arbitration Law of the People's Republic of China* was issued in 1995. In order to better serve the economic development of the Pearl River Delta, GZAC has set up Dongguan Sub - Commission and Zhongshan Sub - Commission in Dongguan City and Zhongshan City in 2005 and 2006 respectively. At the same time, since 2011, GZAC has set out to build professional arbitration courts, and so far has found Arbitration Court of Financial, Arbitration Court of Intellectual Property, Arbitration Court of Construction Project and Guangzhou Arbitration Court of International Shipping.

Since the establishment of GZAC, it has fairly and efficiently resolved civil and commercial disputes adhering to the principle of independence and professionalism. With the continuous improvement of credibility, the case number of GZAC has grown by more than 30% annually in recent years and ranked first in the whole country. The scope of the cases accepted by GZAC covers finance, construction projects, real estate, investment, shipping, the Internet and other industries. The parties to the cases involve many countries and regions such as the United States, Germany, South Korea, Canada, New Zealand, Brazil, as long as Hong Kong SAR, Macao SAR, the Taiwan Region of China.

In 2012, GZAC has set up China Nansha International Arbitration Center (hereinafter referred to as The Nansha Center) through which jointly promoted the international commercial arbitration system with Hong Kong and Macao arbitration community. The Nansha Center features most internationalized rules and most opening panel, offering three optional hearing modes: Common Law System approach, Roman Law System approach, the Socialist System of Laws with Chinese Characteristics style approach. The Nansha Center operates an expert advisory committee composed of the most experienced experts from Hong Kong and Macao of China. On September 3, 2018, with the joint proposal by arbitration institutions in Greater Bay Area, GZAC led the founding of Guangdong - Hong Kong - Macao Greater Bay Area Arbitration Alliance, whose Secretariat is set up in the Nansha Center.

At the same time, GZAC took the lead in launching an Online Arbitration platform in China, which enabled arbitration to become more convenient and efficient with the help of new - generation information technology. A remote audio and video arbitration hearing system of a proprietary cloud platform scheme based on encrypted network has been established, which can not only achieve online applications and hearings of disputes involving internet, but also realize remote hearings of other kind of cases.

Characterized by the three kinds of hearing modes and online arbitration, GZAC actively explores foreign - related professions and building "Guangzhou mode" of commercial arbitration to extends arbitration services to the countries alongside "the Belt and Road Initiative". On November 20, 2019, The Nansha Center heard a case of dispute over the contract for the international sale of goods by the way of remote video hearing, in which the Chinese party is in Guangzhou while the Cambodian party is in Phnom Penh. This case set a precedent for the remote hearing of international commercial arbitration cases, which took only 15 days from file to settlement on the spot, fully embodying the characteristics of arbitration's efficiency and convenience. Nowadays, with the help of the "Guangzhou mode" of commercial arbitration, GZAC can transfer the high - quality commercial arbitration legal service resources from China's mainland, Hong Kong SAR, Macao SAR and the Taiwan region, and even the whole world according to the needs of the parties, so as to provide high - quality and convenient commercial arbitration services for the parties from all over the world.

目　录

CONTENTS

仲裁前沿

论商会仲裁权及其制度构建

谈　萧　张永强*

内容摘要　商会仲裁权是商会自治权的子权利。商会仲裁权的表现形式是在商会内部设立仲裁机构,允许其解决商会成员间以及商会成员与其他社会成员间的纠纷。商会仲裁制度的构建符合我国当前"打造共建共治共享社会治理新格局"以及"构建多元化的纠纷解决机制"的双重目标。通过立法允许商会仲裁,确立司法保障,合理设置商会仲裁内部机构、仲裁员选任与责任制度、仲裁程序规则,并建立经费保障机制,可以最大限度地发挥商会仲裁在我国商事纠纷解决中的作用。

关键词　商会　仲裁权　仲裁制度

我国正在全力营造共建共治共享的社会治理格局,在社会治理中,商人群体具有其特殊性。商人参与社会治理具有天然优势:一方面,商人一般被假设为聪明者、强者,有智力和财力做支撑;另一方面,商人内部类似社会的运行模式,为社会治理提供了范式借鉴。有人认为,商人群体在普通的社会群体中是精英的存在,商人群体通常以商会的形式存在,因此新的社会治理格局绕不开商人、商会的参与。据统计,目前我国仲裁案件的受理数量在庞大的法院案件受理数量面前显得微不足道。商事仲裁作为一种准司法程序和分流司法压力的重要机制,其功能及作用未充分发挥。在国外,仲裁机构大多附设于商会之下,由商会享有仲裁权,发挥商人、商会的智慧,来保证仲裁的公正性、合理性、专业性。在目前我国建设共建共治共享社会治理制度背景下,研究商会仲裁权,构建商会仲裁制度,具有重要的理论和现实意义。

一、商会仲裁权的一般分析

(一)商会仲裁权的概念

商会仲裁权即商会有权在其内部设立仲裁机构,通过仲裁的方式解决商会成员之间以及商会成员与外部主体之间经济纠纷的权利。关于商会仲裁权,目前我国尚未有学者进行专门研究,大多数学者仅仅从商会或者仲裁中的一方面入手,在涉及商会仲裁权时,仅仅停留在仲裁机构大多设置在商会之下的现象表述的层面上,未对商会仲裁权进行全面深入的理论研究。诸多学者将商会仲裁权与相似或者类似概念混淆,如"商事仲裁"。有学者认为,商会仲裁与商事仲裁无区别——这实质上是认知上的偏差。商会仲裁权类似于公司管理权,即商会有处理商会成员间以及商会成员与外部成员间纠纷的权力,其表现形式即在商会内部设立仲裁机构,专门从事商事纠

* 谈萧,法学博士,经济学博士后,广东外语外贸大学广州绿色发展法治研究中心教授;张永强,法学硕士,北京市京师(郑州)律师事务所律师。

纷的解决。商事仲裁是就仲裁的客体而言的，因仲裁制度本身就带有商事色彩，其主要用于商事纠纷的解决，故多数学者将仲裁称为商事仲裁，其目的是排除我国的劳动争议仲裁等其他非商事仲裁。

（二）商会仲裁权的来源

关于商会仲裁权的来源，学术界存在不同的意见。一种观点认为，仲裁权来自法律的授权。以我国为例，仲裁制度源于《仲裁法》，我国《仲裁法》对仲裁的范围、仲裁的程序、仲裁的规则、仲裁人员的选拔等进行了明确的规定，国家通过法律规定的形式将仲裁权授予商会，由商会依法行使。另一种观点认为，仲裁权因契约产生。仲裁权属于商会自治权的子权利，其是基于商会成员间的契约而形成的。为实现内部治理，商会成员共同缔约，自愿将商会成员间的纠纷解决权赋予商会内部设立的仲裁机构。

就这两种观点而言，第一种观点直接否认了仲裁制度民间性、自治性的特点，混淆了仲裁与法律授权的关系。仲裁制度起源于西方，是商人之间解决商事纠纷的重要方式，其先于国家法律规范而产生，后来才得到国家法律承认。在我国古代，也出现过类似西方的仲裁雏形，但由于历代统治者对商品经济的限制，这种雏形并未发展成解决社会群体之间矛盾的主要方式，而仅仅停留在解决乡长理短的琐事之上，解决纠纷的唯一方式就是寻求各地方官员的公断，国家司法权被牢牢地掌握在统治阶级的手中。改革开放以来，我国只是简单地借鉴了西方仲裁制度，组建了仲裁机构，但是其发挥的作用极其有限，根源就在于我国对仲裁制度的认知存在误区。所以，第一种观点仅站在我国仲裁权构建的角度去分析是偏颇的。第二种观点揭示了仲裁权的本质，从仲裁制度的起源出发，深刻认识到仲裁制度的本质，看到了商会与仲裁权之间的关系。

（三）商会仲裁权的性质

仲裁作为解决民商事纠纷的重要方式之一，其在国家公民权利救济体制中扮演重要角色，仲裁又被称为“准司法”程序，仲裁裁决结果与诉讼程序一样，能够得到国家司法机关的承认，并能被有效地执行。对商会仲裁权的性质进行分析，可以对商会的法律地位以及仲裁权本身的权利属性有更深刻的认知。

从国外已有的仲裁机构来看，每一个仲裁机构都有其独具特色的仲裁规则，并根据其所在商会的不同，带有其商会的特色。如英国谷物与饲料贸易协会（GAFTA），其第 125 号仲裁规则第 2 条就规定了仲裁员对谷物样本检测的规则。[①] 在我国，仲裁机构在制定仲裁规则时已然突破了《仲裁法》，如我国《仲裁法》并未对一些有利于仲裁实践的制度和程序规则作出规定，但中国国际经济贸易仲裁委员会（CIETAC）在其仲裁规则中创设了简易程序、合并仲裁、仲裁中追加当事人等新型规则；北京仲裁委员会、深圳国际仲裁院等国内知名仲裁机构的仲裁规则也有类似规定。我国《仲裁法》作为由全国人民代表大会常务委员会颁行的法律，其规定若属于强制性法律规范，个人、组织必须依其规定进行活动；但事实并非如此。由此可以认为，我国《仲裁法》应当属于管理性法律规范，其仅仅对仲裁机构在制定仲裁规则时起到一定的示范作用，类似于联合国颁布的《国际商事仲裁示范法》。另外，通过与《民事诉讼法》及大量关于诉讼程序的司法解释对法院的

① 参见《英国谷物与贸易仲裁协会第 125 号仲裁规则》第 2 条第 1 款：When Samples are to be Examined by Arbitrators (a) In respect of disputes arising out of the “Rye Terms” clause not later than the 10th consecutive day after the date of completion of final discharge. (See Rule 6). (b) In other cases where samples are to be examined by the arbitrators, not later than the 21st consecutive day after completion of loading or of delivery or of discharge or of unstuffing of the container, as the case maybe。

影响程度的比较，更能充分论证这一结论。由此看出，我国《仲裁法》在实然层面上更偏向于私法规范。

商会仲裁权应当属于社会自治权。社会自治权，是指社会主体享有的能够对社会各项事务进行管理的支配力和影响力。① 所谓社会自治权，是一种在社会团体内，经过团体内多数人认可或默示的，合法地、独立自主行使具有约束力和支配力的权力。② 社会自治与政府管制、统摄相对应，社会自治包含社会主体按照自己的意愿自我选择、自我决定、自我管理的权利。③ 所谓社会自治权，简单来讲，即社会主体自己决定自己事务的权利。社会自治权既不属于公权力，也不属于私权利，其是在“国家垄断”一体化转化为“国家主导—社会协同”二元化的条件下形成的，属于不同于公权力而又与私权利相区分的一种社会存在，介于国家权力和公民权利之间。④ 其权利主体既可以是个人，也可以是社群（社会组织），其中社群包括各种商会、行业协会等。商会仲裁权是商会自治权的子权利，属于社会自治权的范畴，在商会中建立仲裁机构，让商会享有仲裁权，既符合仲裁独立性、民间性、自治性的特点，又符合我国创新社会治理模式，建立共治共享社会，分流司法压力的目标。

二、商会仲裁权的正当性

（一）私法自治意义上的正当性

商会作为社会团体组织，从各国的发展历史来看，作为社会精英群体的集合，商会在促进经济发展、维护社会稳定、提高产业竞争力方面发挥了积极作用。私法自治原则在商法中体现为商人自治和商会的内部自治，商会仲裁权是其具体表现之一。商法中的私法自治表现为商人自治，并且商人自治在产生时间、方式以及内涵上都具有别于私法自治的特殊性与独立性。⑤ 商人自治的特殊性与独立性表现在商人团体天然倾向于内部化解纠纷，西方早期行会即具有争端解决权。随着商业交往的日益频繁、经济纠纷的复杂多变，专门的纠纷解决机构即仲裁机构，依附商会组织，专门从事解决纠纷的工作。商会仲裁权的行使不仅能够减轻司法机关工作人员的办案压力，还能够以相对合理、高效、灵活、保密的方式解决纠纷，对分流司法机关的办案压力、创新社会治理模式具有积极意义。

在我国商事司法实践中，因缺乏私法自治传统且长期实行民商合一或民商不分的立法模式，商法中需要得到强化的私法自治理念往往被严重忽视。⑥ 国家对商会的认知长期停留在浅层次的组织及监管层面，国家权力过于庞大，不受制约，将原本应由市场自身调节解决的事情强行纳入权力机制内，过分挤压了私法自治的合理空间，但又无法真正替代私法主体发挥作用，结果导致事实上的不作为，商会未能发挥其应有的功能。

---

① 李鹰：《社会自治之合法性困境——兼论政府在社会治理中的主导作用》，载《广州大学学报（社会科学版）》2012 年第 11 期。

② 周庆智：《论基层社会自治》，载《华中师范大学学报（人文社会科学版）》2017 年第 1 期。

③ 徐永平：《发展社会自治权与创新社会管理初探》，载《加快政府职能转变　深化行政体制改革——第四届中国行政改革论坛论文集》，2013 年 7 月。

④ 徐永平：《发展社会自治权与创新社会管理初探》，载《加快政府职能转变　深化行政体制改革——第四届中国行政改革论坛论文集》，2013 年 7 月。

⑤ 王建文：《论商法理念的内涵及其适用价值》，载《南京大学学报（哲学·人文·社会科学版）》2009 年第 1 期。

⑥ 王建文：《我国商法的核心价值：逻辑展开与实践应用》，载《法学杂志》2012 年第 1 期。

(二)商法价值意义上的正当性

商会仲裁权充分体现了商法的自由价值,其主要体现在仲裁制度当事人意思自治和灵活性的特点上。仲裁作为一种由平等第三方主体解决纠纷的制度,其相对于诉讼而言,更加注重解决问题的效率、程序的简便灵活等,是相对简便和柔性的纠纷解决方式。仲裁制度由商人解决纠纷的习惯发展而来,其制度特性完全符合商人对解决纠纷的要求。作为一种私人解决程序,仲裁赋予双方当事人相当大的自主权。当合同双方发生纠纷,仲裁机构受理仲裁后,双方可以就仲裁中的多种事项进行约定。关于仲裁地,CIETAC 仲裁规则第 7 条、香港国际仲裁中心(HKIAC)仲裁规则第 14 条第 1 款、新加坡国际仲裁中心(SIAC)仲裁规则第 21 条均规定双方当事人可以约定。关于仲裁程序,CIETAC 仲裁规则第 56 条、HKIAC 仲裁规则第 42 条、SIAC 仲裁规则第 5 条均规定了简易快速程序。除此之外,还可就仲裁员及仲裁庭的组成人数、审理方式、仲裁语言等事项进行选择。在诉讼案件中,当事人既不能自由选择法院,也不能决定审判庭的组成,更不能自行选择审判程序的规则,诉讼当事人没有太多的诉讼程序参与权,更多的是被动接受民事诉讼法规定的程序。仲裁制度在仲裁事项中充分体现了当事人意思自治原则,仲裁机构的本质是提供纯粹的专业性的纠纷解决服务的私人机构,其不代表任何公权力机关,是公共秩序自我调整的选择。仲裁赋予当事人以友好的态度解决纠纷的可能,当事人自治原则是其基础,其这一特性恰好符合商人追求以柔性方式解决纠纷的特性。

仲裁的灵活性体现在,在仲裁事项方面为当事人双方提供了多种选择,多种选择的目的是为双方提供可能的最大便利,让双方当事人在仲裁规则的框架内选择最有利于自己的安排来和平解决纠纷。仲裁的灵活性主要体现在仲裁程序上,诉讼程序是在"程序正义大于实体正义"的理念下进行安排的,为保证实体正义,若诉讼程序被设计得纷繁复杂,缺乏弹性,其适用于民事、刑事案件,可能更为适宜。并且,在我国民商合一的立法体例下,在"大民法"的学术环境中,商事纠纷有商事的特殊性,但在法律上并没有被特殊对待,而依然是按照民事案件的处理原则来统一设定的,造成了商法民法化的问题。灵活表现为选择方式的多样性,多个仲裁机构的仲裁规则均有体现,如 CIETAC 仲裁规则关于仲裁地的规定,双方既可以约定,也可以仲裁机构或其分支机构的所在地为仲裁地。对于仲裁简易程序的适用,当事人可以申请适用,或者仲裁机构可以在合同纠纷满足一定条件的情况下主动适用。灵活性体现了对合同当事人自由选择和当事人自主性的尊重,有利于和平解决争端。

效益价值是商法的根本价值,其揭示了商人营利性的本质特征。对于商人而言,效率的高低直接影响商人的选择偏好,在商事交易中如此,在纠纷解决中也是如此。商会仲裁中对仲裁效率的追求,符合商法的效益性价值。从交易成本的角度出发,时间对商人来说也是一种成本。纠纷的解决往往需要耗费大量的时间和精力,"时间就是金钱",精明的商人当然倾向于选择花费时间少,处理纠纷效率高的方式。考虑到商事案件的复杂性,仲裁作出裁决所耗费的时间应当比相对简单的民事案件要多,但实际上却是数量相当的,甚至更少。CIETAC 仲裁规则第 48 条第 1 项规定,"仲裁庭应当在组庭后 6 个月内作出裁决"。依其第 56 条、第 61 条关于简易程序的规定,当事人可以约定适用简易程序,仲裁庭应当在组庭后 3 个月内作出决定。另外,诉讼案件的勘验鉴定、调查取证、保全措施等往往只涉及一国之内的当事人,而仲裁中的双方当事人可能在不同的国家、不同的半球,进行上述行为所耗费的时间理应更长,这也凸显了仲裁的高效率。高效率来自仲裁民间性、自治性的私人制度特性,只有高效率的运行,才能在市场竞争中脱颖而出，获得商人的信任和青睐。

（三）商事习惯意义上的正当性

从广义上讲，商事习惯包括商会自治习惯、私人裁决规范以及自力救济规范等。[①] 从狭义上讲，商事习惯仅指商事交易习惯。关于商事习惯，学术界在概念、内容方面未形成统一观点，因此诸多学者在论述商事习惯时，其研究对象不同。但多数认为商事交易习惯是商事习惯的代名词，多数学者以交易惯例、交易习惯的称谓诉诸笔端。商事习惯指代商事交易习惯是妥帖的，更或是抓住了商法最本质的东西。从各国商事法律规范来看，对商人以营利为目的认知已成共识，商人实现营利最为关键的一环是交易，交易是商品交换价值和使用价值的转换，商品缺少了交换价值，其就是无价值的。交易能否顺利、安全地进行直接关涉商人营利的目的能否实现。交易规则在交易中起保驾护航的作用，交易规则一般包括成文法和非成文法，成文法主要是指各国的合同法、部门规章，而非成文法即指商事交易习惯。

交易习惯的形成有其内在运行规律，是商人群体智慧的结晶，其是对社会环境、经营风险、商业模式等的具体化体现，只要在法律的范围内，不违背公序良俗，法官就应当予以尊重，而不能轻易否定。交易习惯契合了商事交易的内在实质，目的多是方便交易，其存在具有合理性。针对制定法的内在缺陷，商事交易习惯在弥补法律漏洞方面发挥重要作用。其实体上的功能主要表现为解释和补充合同、解释法律，程序上的功能主要表现为决定举证责任的分配、证据评价以及事实推定。随着商事交易中交易条款设计、结算方式、支付手段等的变化，商事交易习惯作用凸显，特别是在商事法律规范缺失或者模糊的状况下，被越来越多地运用到法院的判决中。交易习惯的本质是对商业交易中的风险进行约定俗成的事先约定，然而由于这些交易习惯并不为商人之外的市场主体所熟知，因而对交易习惯的效力，特别是对带有免除或限制责任的交易习惯进行效力判断，无疑会给商事裁判者带来难度，客观上要求商事裁判者在处理此类条款的效力时，应当斟酌多方因素作出灵活的判断[②]。根据陈彦晶教授所做的对部分案件的分析，法院在判决时经常运用“不符合商业惯例”“有悖于一般的商事习惯”“明显违背商业习惯和商业常理”等笼统的语言。[③] 在运用商事习惯判案时，法院并不对商事习惯的具体内容进行阐明，导致当事人对法院的专业性和公正性产生怀疑，进而引发上诉，造成司法资源的浪费。另外，对商事习惯的引用和判定很大程度上依赖法官本身对商业运作、商业模式的认知以及自身商法思维水平，同案不同判的情况在我国法院判决中屡见不鲜，引起了当事人的极大不满，我国的司法权威遭到了严峻的挑战。

依据交易习惯裁判案件，其前提是知悉交易习惯，并清楚交易习惯运用的特定情况、背景。交易习惯是商人群体内部的内生性产物，具有封闭性和专业性的特点，无商业经验的人不可能完全理解和把握。作为一位商法专家，卢埃林认为法官在裁判商事案件时如果不了解交易惯例，就不可能有“情境感悟”，即对案件背景的真正理解。[④] 商会仲裁中，裁判者均是商业领域的精英，在商事习惯的适用和判断方面优势巨大。另外，由同领域的商人进行裁判符合仲裁制度最初的制

---

① 许中缘：《论商事习惯与我国民法典——以商事主体私人实施机制为视角》，载《交大法学》2017 年第 3 期。

② 樊涛：《中国商法渊源的识别与适用》，法律出版社 2015 年版，第 67 页。

③ 陈彦晶：《商事习惯之司法功能》，载《清华法学》2018 年第 1 期。

④ 李艳秋：《美国商事习惯法法源地位及其立法方式研究——以美国〈统一商法典〉和〈特拉华州公司法〉为主要分析范例》，载《北京理工大学学报（社会科学版）》2011 年第 6 期。

度目的。同时，其作出的裁决更能获得当事人的尊重和认可，加上仲裁相较于诉讼有高效、合理、灵活、较好的域外执行力等特点，商会仲裁权的构建具有实践意义。

三、我国商会仲裁制度的困境

（一）我国商会仲裁的问题

1. 仲裁权行使主体不清

商会仲裁权的行使主体应当是商会，而非其他组织或政府机关。根据我国《仲裁法》的规定，我国仲裁机构是由政府相关部门和商会共同组建的。虽然《仲裁法》第 14 条规定，“仲裁委员会独立于行政机关，与行政机关没有隶属关系”，但实务中有个案违反此条规定。目前，个别行政机关仍过多干预仲裁，个别地方政府尚未明确仲裁委员会的民间性质，仲裁委员可能成为地方政府的下属职能部门，行政机关经常以行政手段干扰仲裁委员会的工作。据统计，我国各地的仲裁机构组建方式共有三种：第一种是由各市法制办牵头组建，这种情况也是最为普遍的，以广西为例，14 家仲裁机构中有 12 家是各市法制办牵头组建的；第二种是各市司法局牵头组建，广西有 2 个市的仲裁委员会是由当地司法局牵头组建的；第三种是商会牵头组建，如安徽的六安仲裁委员会。[①] 在组织结构方面，一些仲裁委员会是由市政府法律办公室组织的，并按照行政模式进行分级；在财政上，地方政府提供办公用房和补贴；在人员构成方面，仲裁委员会主任为政府的立法事务办公室主任，个别甚至是市政府的有关领导。

在我国仲裁机构的发展中，并不是每一个仲裁机构都可以通过为当事人提供仲裁服务，收取仲裁费来维持生存并发展壮大。受制于行政权力的影响，我国仲裁机构缺乏自治性和独立性，专业性也受到民商事主体的质疑，在仲裁与诉讼之间，大多数民商事主体仍倾向于选择诉讼作为纠纷解决的手段。由于无案源保证，缺乏资金来源，多数仲裁机构只能依靠政府的财政支持。

对商会仲裁权的权利行使主体认识不清，导致我国仲裁机构存在问题，本应由商会行使的仲裁权，其权利行使主体却变为行政机关，仲裁机构的独立性、自治性受到破坏，仲裁功能和作用的发挥受到限制。

2. 仲裁权行使范围模糊

关于商会仲裁权的行使范围，学术界存在争议，有观点认为商会仲裁权仅适用于商会内部成员间的纠纷解决，鉴于部分领域成员纠纷的技术性及专业性特点，加之对效率的追求，商会仲裁权用于解决内部纠纷具有必要性，但其权利行使范围仅限于商会成员之间的纠纷，而商会成员对外的纠纷由其他仲裁机构裁决。也有观点认为仲裁权是商会固有的权利，随着现代仲裁制度的发展和完善，商会仲裁权的权利行使范围已经可以突破商会内部纠纷解决的限制，就内部仲裁机构而言，其虽然与商会有隶属关系，但实际上独立于商会，在全球范围内仲裁规则趋同、仲裁员选任制度趋同等背景下，商会仲裁权的权利行使范围应当是全球范围内的民商事纠纷，而不仅是商会成员间的纠纷。考察全球知名的仲裁机构，如瑞典斯德哥尔摩商会仲裁院、瑞士苏黎世商会仲裁院等，其仲裁权行使范围是全球范围内的民商事争议案件，任何国家的当事人都可约定将其争议案件提交上述商会仲裁机构进行仲裁。

---

① 曹吉锋：《我国仲裁机构监督管理体制改革研究》，载《前沿》2016 年第 10 期。

仲裁作为一种私人纠纷裁决制度，裁决作出之后，对仲裁裁决的承认和执行尤为重要，商会仲裁权的权力行使范围若仅限于商会成员之间，当裁决内容涉及他国当事人或第三人时，如果法律不承认其公共领域仲裁机构的地位，无法得到司法机关的承认与执行，那么这种仲裁裁决实际上并无意义。

随着现代仲裁制度的发展及完善，商会仲裁权的行使范围应当扩展并立足全球，其仲裁案件的受理范围应当包括商会成员之间、商会成员与商会成员外的民商事主体之间以及争议双方均不属于商会成员的民商事案件，但是商会成员间的争议案件在解决方面应当具有优先性。在我国，允许一定规模的商会在其内部设立仲裁机构，既能有效解决我国商会对仲裁机构的迫切需求，又可以倒逼现有行政色彩浓厚的仲裁委员会加快改革，相当于引入竞争机制。仲裁的私权纠纷解决属性，决定其不能根据公权力机关的喜好设立仲裁机构，而应当依据社会矛盾、经济纠纷的实际需要。

商会仲裁权范围的确定是重要的，其明晰了我国商会仲裁机构的定位；其不应仅仅解决商会内部成员间的纠纷，而同时应当为社会民商事主体提供仲裁法律服务。

3. 仲裁权监督过于严格

第一，过度司法审查。仲裁作为私人裁决程序，其处于准司法的地位，因其高效率、灵活、一裁终局的特点，受到现代商人的青睐。为避免仲裁程序出现瑕疵进而导致不公正的仲裁裁决，对其进行司法监督，实属必要。作为司法部门，法院理所当然负责对仲裁裁决进行司法审查。仲裁作为一种与诉讼相并列的纠纷解决方式，其目的和功能与诉讼相似。另外，在仲裁员选任上，其标准往往较高，专业水准较高。因此，对于司法审查，国际社会的通行做法是仅从程序上进行审查，而不审查实体内容。1958 年《承认及执行外国仲裁裁决公约》（《纽约公约》）的第 5 条第 1 款以及 1985 年联合国国际贸易法委员会颁布的《国际商事仲裁示范法》均规定关于仲裁裁决的承认与执行，国内法院只能进行程序性审查。另外，美国《统一仲裁法》（2000）第 10 条，《德国民事诉讼法》第 1041 条均有类似规定。而在我国，囿于地域经济差别、法官水平高低不同，在仲裁司法审查方面标准不一，部分法院坚持全面审查，变相否认当事人意思自治原则，对仲裁的公信力造成极大破坏。

第二，审查程序不规范。根据我国《民事诉讼法》以及《仲裁法》的规定可知，对于仲裁的司法审查，当事人不得对法院作出的任何其他裁定提起上诉，但可以对三项裁决提出上诉，即不予受理、管辖权异议和驳回起诉。但是，关涉仲裁协议的效力、不予承认与执行、撤销仲裁裁决等重大问题，中级人民法院往往难以把握。在法律未设置上诉程序的背景下，最高人民法院通过通知、规定等形式，对中级人民法院关涉仲裁作出的否定性结论采取逐级上报的内部请示制度，特别是涉外、涉港澳台的仲裁案件，需逐级上报至最高人民法院。内部请示制度的目的是确保中级人民法院仲裁司法审查的准确性，但制度本身违背诉讼原理和程序规则，同时也损害了仲裁的效率性优势。有学者认为，该制度：一是缺乏程序法依据，且透明性差，当事人无法在监督程序中行使辩论权利；二是效率低下，逐级上报耗时很长，拖延了国际商事仲裁裁决的执行周期，延后了当事人权益的实现；三是该制度与司法审查"一裁终局"的原则相悖，是一种司法审判制度的倒退现象，故应取消该制度。[①]

① 刘想树：《中国涉外仲裁裁决制度与学理研究》，法律出版社 2001 年版，第 239～240 页。

第三,内外有别的双轨制。所谓双轨制,即《民事诉讼法》及《仲裁法》规定的对涉外仲裁裁决与国内仲裁裁决实行条件不一、宽严程度不同的司法审查标准。对涉外仲裁裁决的审查限于程序方面,而对无涉外因素的仲裁裁决,则既进行程序审查,又针对法律适用与事实认定进行实体方面审查。根据2018年1月1日起施行的最高人民法院《关于仲裁司法审查案件核报问题的有关规定》可知,双轨制继续保留。随着我国法律服务市场的开放,越来越多的国际知名商事争议解决机构进驻我国,依据《民事诉讼法》第274条之规定,人民法院针对涉外仲裁机构作出的裁决仅限于程序方面的审查,针对国内仲裁机构作出的仲裁裁决则需要进行全面审查。在案源的争夺方面,国内仲裁机构丧失了效率优势。另外,国内按照涉外与非涉外因素划分,导致法院内部部分设置混乱。国内仲裁裁决的撤销申请案件由商事审判庭受理,涉外仲裁裁决的撤销申请案件由涉外审判庭审理,而仲裁裁决的不予执行则归执行局办理。①

第四,法院与仲裁机构沟通不畅。诉讼与仲裁作为并列的纠纷解决方式,法院与仲裁机构之间不存在领导与被领导、监督与被监督的关系。法院是国家司法系统的重要机关,代表国家行使司法权力。而仲裁机构依法独立设置,是私人纠纷解决机构,属于社会法律服务机构。而法律又未规定二者的互动机制,因此,法院与仲裁机构缺乏有效的沟通。

(二)存在问题的原因

1. 纵向权力结构影响

所谓纵向的权力结构,是指自上而下、垂直型的多层级政府的权力结构。纵向的权力结构的优势在于国家权力能够高效率地执行,其缺点在于地方政府与社会互动不足,容易忽视社会需要,激化政府与民众的矛盾。政府治理与社会治理是两种不同的治理方式,政府治理模式的显著特征是通过自上而下的权力分配体系,达到监管、控制整个社会的目的,其治理依赖于行政命令、政策等,上级政府与下级政府、政府与公民之间是不对等的关系。在社会治理模式下,其成员之间通过网络化的形式连接,其治理依赖于社会组织(如商会)成员间协商、谈判,各成员间是平等的关系。在政府治理模式下,地方政府对中央政府负责,下级政府对上级政府负责,这种模式会造成下级政府在制定决策时,以上级政府布置的任务、目标为基础展开工作,忽视与社会的沟通,民众真正的需求被忽视,只能被动地接受政府作出的政策、决定。长此以往,会导致政府与民众脱离,政府的公信力不断下降,难以弥补。另外,随着社会生活的多元化,政府命令式的、简单划一的处理模式,已经不能够妥当地处理各种矛盾。在社会治理模式下,发挥社会组织(如商会)的自治作用,弱化其行政色彩,恢复社会组织(如商会)的民间性、自治性。政府在面对自治组织时,不能抱着官本位的心态,以管理者、监督者的心态对待社会组织(如商会),而要以平等的心态,以合作、协商的方式培育、引导服务社会组织发挥社会治理的作用。

2. 商会法律规范缺失

近代和现代意义的商会产生、发展和演化,是国家控制、社会自治和商主体自由之三维作用和酵化的结果。② 在当代社会,商会俨然已经发展成为社会重要的自治力量,在商会制度发达的国家,商会组织在服务商会成员、向政府提供信息咨询服务、从事社会公益活动、向社会输出治理模式等方面发挥至关重要的作用。在我国,商会法律规范的缺失导致商会法律制度规则供给不

① 贺晓翊:《从双轨走向并轨:我国国内仲裁与涉外仲裁司法审查制度之反思与重构》,载《人民司法》2013年第17期。

② 肖海军:《商会法律制度研究》,中国人民大学出版社2010年版,第49页。

足，严重限制了我国商会组织社会治理作用的发挥。改革开放以来，我国市场经济体制已初步建立，但至今没有明确我国行业协会商会的法律地位。这些涉及行业协会商会的性质、职能定位以及如何处理行业协会和商会关系等的制度性问题，显然只能通过顶层设计才能加以科学合理解决。[①] 目前，商会设立依据的是《社会团体登记管理条例》，其将商会与其他公益组织、宗教组织、政治团体等放置在同一规范调整之下，忽略了商会的特性与组织功能。

另外，《社会团体登记管理条例》强行将商会定性为社会团体法人，只有具备法人资格的商会组织才能成为商会，排除了不具备法人条件的商会组织，不符合现阶段数量众多且不断涌现的未登记民间商会的实际情况。商会本质上属于社会组织，其作用的发挥不应受法人资格的影响，政府应当尊重商会组织的选择。全国性的商会法律规范应当是组织法与行为法的总称，现有的条例、办法等规定的制度规则混乱、简陋、不完善，对商会长久发挥社会自治的作用不利。商会是重要的社会自治力量，其发展壮大既有利又有弊，利则促进市场经济发展，稳定社会秩序；弊则扰乱市场秩序，行业垄断。商会立法的目的在于确定商会地位，明确商会权利，构建合理的商会监督制度，须一整套完善的商会法律制度。

在政府简政放权的大背景下，2016 年，国务院修改了部分行政法规，其中包括《社会团体登记管理条例》，学界期待能够对被广受诟病的"一业一地一会"的监管政策作出改变，放宽限制，但对此没有相应调整。为激活商会组织的功能，打造共享共治的社会治理新模式，必须根据市场化的原则放开对商会组织的种种限制，然而《社会团体登记管理条例》第 13 条第 2 项仍然规定，在同一行政区域内已有业务范围相同或相似的社会团体，没有必要成立。这就使大量的民间商会依然面临合法性的问题。我国民间商会组织的出现是众多原因导致的，是市场化经济不断发展和开放的必然结果。

3. 商会自治能力不足

党和政府逐渐认识到我国目前商会制度存在的问题，2015 年，中共中央办公厅、国务院印发了《行业协会商会与行政机关脱钩总体方案》，该方案指出，行业协会商会存在一些问题，如政会不分、管办一体、治理结构不健全、监督管理不到位、创新发展不足、作用发挥不够等问题。为了促使行业协会商会真正成为依法成立、自主办会、服务为本、治理规范、行为自律的社会组织，方案要求各行政机关与其主办、主管、联系、挂靠的行业协会商会实现机构上、职能上、资产上、人员上的全面脱钩。但由于商会与行政机关的深层次嵌入，对行政权力的长期依附，在配套的顶层设计空白、法律法规缺乏、权力惯性的影响下，商会恢复民间性、自主性需要一个相当长的过程。

四、我国商会仲裁制度的构建

（一）立法准备和司法保障

1. 立法准备

修改现行《仲裁法》，规定仲裁委员会应当依法自治、独立自主地开展仲裁工作，允许具备一定条件、达到一定规模的商会设立仲裁委员会，现有的仲裁委员会逐步实现与行政机关的分离。仲裁委员会是在商会的发展过程中逐渐形成的，由商会自主设立仲裁委员会不仅符合仲裁制度

① 浦文昌：《行业协会商会参与国家治理的顶层设计与配套改革——建设中国特色商会组织的比较研究》，载《中共浙江省委党校学报》2016 年第 2 期。

的原则，也符合国际惯例。商会作为民间自治组织，在市场经济的条件下，其作用和地位日益突出，商会的民间性与仲裁委员会的民间性本质上是一致的，由商会来负责组建仲裁委员会不仅能促进商会这一民间性组织功能的进一步发挥，还可促进政府职能的进一步转变，更可保障仲裁委员会的民间性，使仲裁制度更好地为市场经济服务。第十二届全国人大代表、最高人民法院特约监督员朱列玉在全国人民代表大会上提案，认为应当允许一定规模的商会拥有自主组建仲裁委员会的权利，其建议组建仲裁委员会的商会须有数千名会员，企业会员在金融经济领域活跃，并综合考虑各会员的营业额、纳税额、会员中世界五百强企业的占比以及商会的影响力等因素，以保障仲裁委员会成立后的正常运转。此外，在制定我国《行业协会商会法》时，应明确赋予行业协会、商会对于行业纠纷、商事纠纷的调处权。例如，可以借鉴《日本商工会议所法》和《韩国商工会议所法》的规定，通过立法赋予行业协会、商会纠纷解决权。《日本商工会议所法》第 9 条将“从事有关商事交易纠纷的斡旋、调停或仲裁工作”列为日本商会可以从事的事业之一。《韩国商工会议所法》第 5 条也规定，“调节和仲裁国内贸易纠纷”是韩国商会的工作内容之一。

2. 司法保障

与国际接轨，审查仅限程序方面。从确保裁决终局性、提升仲裁效率的目的来考虑，法院既审查实体又审查程序，与商事仲裁自治的理念不符，且有浪费司法与仲裁资源之嫌，在此基础上，大多数国家没有授权法院对仲裁庭关于法律适用和其他实质性证据的认定进行第二次审查，而是要求法院尽可能克制司法审查权的行使。关于司法审查的标准，世界上大多数国家达成共识，关于仲裁裁决的承认与执行，大多规定关于仲裁员的指派、仲裁员收受贿赂、仲裁员裁决超出仲裁协议范围、通知程序不当等，均为程序方面。我国《民事诉讼法》中，针对国内仲裁机构仲裁裁决的司法审查包括证据等法律事实的审查，浪费了司法资源，同时造成仲裁公信力的贬损。这样既损害了当事人意思自治及仲裁的自治性及独立性，又降低了仲裁的效率。当事人选择仲裁的主要原因在于期望获得一裁终局的裁决，以避免烦琐的上诉程序，如果法律允许法院对仲裁进行实质审查，无异于使仲裁程序从属于法院的诉讼程序，同仲裁程序的终局性相抵触。① 因此，对仲裁的司法审查应当仅限于程序方面。

设置有限上诉制度，逐步淘汰内部请示制度。有限上诉制度，是指涉及仲裁协议效力、不予执行或者撤销仲裁机构仲裁裁决的，应当运用法律设置上诉制度，而非法院系统内部制度解决，其规则和模式可以参照二审程序进行。内部请示制度存在严重弊端：首先，其违背了审判独立原则。人民法院依法独立审判是我国宪法、法律规定的一项重要原则，而审级独立是人民法院依法独立的重要内容。审级独立表明上下级法院在审判具体案件中是相互独立的关系，法院对于本审级管辖的案件依法独立作出裁判，而不受各方面包括上级法院干预。② 其次，内部请示制度不符合诉讼原理。仲裁司法审查适用诉讼程序，而诉讼最显著的特点是当事人双方平等对抗，法官在亲历的基础上居中裁判。故当事人双方平等、法官中立、法官亲历和程序性都是诉讼的基本要求。③ 但是，内部请示制度却在当事人双方都不得上诉的情况下，客观上免费为可能败诉的一方

① ［英］施米托夫：《国际贸易法文选》，赵秀文选译，中国大百科全书出版社 1993 年版，第 598 页。
② 朱科：《国际商事仲裁司法审查案件内部请示报告制度的转型》，载《法学杂志》2017 年第 6 期。
③ 朱科：《国际商事仲裁司法审查案件内部请示报告制度的转型》，载《法学杂志》2017 年第 6 期。

当事人包揽了上诉和申诉工作。[①] 而作为另一方当事人却没有辩论的权利,对双方当事人是不公平的。最后,内部请示制度非长久之计,制度性保障更可靠。最高人民法院作为国家最高司法机关,其承担的主要责任不是对单独个案的把关,而是应当将重心放在对法律的解释和适用上,保证国家审判权力的正常运行。随着涉外仲裁案件的不断增多,完全依靠最高人民法院并非长久之计,制度性保障更具稳定性。设计上诉制度既可以赋予司法审查程序的正当性,给予当事人平等的辩论权利,又能提升基层法院的办案水平和质量,减少对上级人民法院的依赖性。西方主要发达国家均有仲裁上诉制度,美国《统一仲裁法》(2000)第 28 条第 1 款规定,对法院就仲裁程序和仲裁裁决作出的命令或判决,可以提起上诉。[②]《日本国家仲裁法》第 44 条规定,法院审查当事人关于撤销仲裁裁决的申请后,认为仲裁裁决存在法定撤销事由的,可以撤销仲裁裁决;当事人如不服法院所作的决定,可以即时抗告。[③] 1998 年《德国民事商事法典》第 1065 条规定,地区高等法院关于是否交付仲裁的决定,撤销裁决、宣告裁决的可执行性或撤销该宣告的决定,"如果这些裁判是以终局判决作出,而对之可以提起上告时,可以向联邦最高法院提出法律抗告"。[④]

实行内外一致的司法审查制度。随着国内仲裁机构的发展,仲裁人员素质的提高,双轨制存在的基础已经逐渐消失,对仲裁的司法审查标准应当合二为一,不再区分国内及涉外因素,统一适用程序审查的标准,不再对实体问题进行审查。仲裁的效率是其生命所在,全面的司法审查,使国内仲裁机构在与全球知名仲裁机构竞争中丧失了巨大优势。同时,应当将法院内部原有混乱仲裁司法审查权力统一归口到商事审判庭或涉外商事审判庭。

建立有效、及时的沟通机制。法院与仲裁机构的沟通主要体现在司法审查受理前、受理后以及裁定作出后。受理前,法院系统可以与仲裁机构不定期举行存在疑难复杂仲裁案件的讨论会议,明确仲裁机构与法院存在较大争议的问题点,共同商讨应对举措。受理后,关涉仲裁协议效力问题、不予执行及申请撤销仲裁裁决的案件,法院应当及时通报仲裁机构。法院在司法审查裁定作出前,应当听取仲裁庭的裁决理由及意见,仲裁庭应当配合法院的工作,在重要文件提供、案件移送方面给予帮助。裁定作出后,法院应当及时通报仲裁机构,并充分说明裁判的理由及法律依据。

(二)合理设置内部机构

商会仲裁权的行使依靠仲裁机构内部的相互配合,合理的机构安排是仲裁权发挥的保证。考察西方以及我国知名商事仲裁机构,可以为商会内部仲裁机构的设置提供有益的经验。

1. 斯德哥尔摩商会仲裁院

斯德哥尔摩仲裁院隶属于商会,由理事会和秘书处组成。考察理事会的组成人员,目前仲裁院由 1 名主席、3 名副主席以及 12 名理事组成。理事会成员具有全球化的背景,均是全球范围内具有较高声望的专家、学者、实务工作者。12 名理事中,有律师、教授、公司高管以及其他知名仲裁院的兼职仲裁员。高水平、高层次的管理人才,是斯德哥尔摩商会仲裁院仲裁独立、公正的保证,是其历经百年不衰的制胜法宝。秘书处的任务是负责提交仲裁案件的日常管理,仲裁院设三个分部,每一个分部设置 1 名办案秘书、1 名法律顾问以及 1 名助理。办案秘书一般精通多国语

① 夏霁:《国际商事仲裁裁决执行机制比较研究》,华东政法大学 2012 年博士学位论文,第 157 ~ 160 页。
② 宋连斌、林一飞译编:《国际商事仲裁资料精选》,知识产权出版社 2004 年版,第 441 页。
③ 张圣翠:《论我国仲裁裁决撤销制度的完善》,载《上海财经大学学报(哲学社会科学版)》2012 年第 1 期。
④ 《德国民事诉讼法》,丁启明译,厦门大学出版社 2016 年版,第 237 页。

言和法律,具有较强沟通和交流技能。

2. 香港国际仲裁中心

香港国际仲裁中心于1985年,由商界领袖和专业人士成立。其设置理事会及秘书处,理事会下设执行委员会,执行委员会是仲裁中心的核心机构,负责仲裁中心的运营。执行委员会下设三个额外的委员会。诉讼程序委员会,负责当事人对仲裁员的询问、仲裁规则的变更和新规则的采纳;委任委员会,主要负责仲裁员的委任、决定仲裁庭的人员人数以及核定仲裁费用;财政委员会,主要负责财务、税务以及人事、行政等方面的事务。理事会设主席1名,副主席1名,5名荣誉主席,还有22名理事。其中,主席、副主席均为英国女皇的御用大律师,理事包括高级律师、仲裁员、公司高管、会计师、工程师、行政仲裁。秘书处负责所有提交到中心的争议案件的日常管理,秘书处由秘书、律师以及助理组成。

3. 中国国际经济贸易仲裁委员会

中国国际经济贸易仲裁委员会是我国最早成立的仲裁委员会,已经成为世界公认的国际化仲裁机构。其设置有专门委员会、各地分会、秘书局、仲裁院、办事处以及三个行业委员会;其中专门委员会主要负责专家咨询、仲裁案件汇编以及仲裁员的资质考核,秘书局的职能比其他几个仲裁机构要多,包括委员工作处、监督协调处、财务处以及研究处。仲裁院设立案咨询处、国际案件处、国内案件处等。相较于其他几个仲裁机构,CIETAC设置有专门的行业仲裁委员会,用来解决部分特殊行业的商事纠纷,包括粮食行业争议仲裁中心、商业专业委员会以及金融专业委员会。

通过分析上述仲裁机构的内部设置,我们可以发现仲裁机构内部运行有较大相似之处,国际上具有趋同性。我国商会内部设置仲裁机构应当立足商会自身需求,借鉴国内仲裁机构内部机构设置,吸收国外仲裁机构运行的经验,以全球化的眼光、标准打造独立、自主的,符合商会自身特色的仲裁机构。

(三)仲裁员的选任与责任承担

1. 选任制度

仲裁员是仲裁程序的核心,仲裁作为一个私人纠纷解决程序,民商事主体自愿选择通过仲裁解决争议,愿意自觉履行仲裁裁决,主要是基于对仲裁员专业精神和公正性的信任。仲裁员应该是社会的精英,具有高尚的道德修养和完整的职业人格,重视信誉,懂得自律,不断追求执业水平的提高。仲裁员应该是专家,是能力综合的特殊人才,不仅精通专业,而且熟悉仲裁和仲裁规则的理论、程序和实践;不仅有理论和知识,更有智慧、经验和能力。仲裁员应当是热衷于仲裁事业的人,对仲裁的价值和意义有深刻的理解和高度的认识。此外,仲裁员应对仲裁工作充满兴趣和热情:不仅对仲裁员的身份和荣誉感兴趣,而且对仲裁的职业发展也有长期的计划和考虑。考察国内外优秀的仲裁机构,在仲裁员的选任上,有些国家在仲裁法中明确规定了仲裁员的选任资格,如我国《仲裁法》规定,仲裁机构按照《仲裁法》规定设定选任条件;而有的国家或地区在仲裁法中并未规定,如斯德哥尔摩商会仲裁院,当事人可以在全球范围内选择值得自己信任的人充当仲裁员。在仲裁制度发达的国家或地区,更倾向于由当事人自主选择,基于对当事人理性认知的假设,其不可能选择不具有专业性、公正性可言的人充当仲裁员。

在我国仲裁制度并不发达、信用体系尚未建立的情况下,通过法律规定仲裁员的选任条件是比较好的制度选择,另外还要建立仲裁员的动态流动机制,确保能够始终保持优秀的仲裁员队伍。我国商会仲裁机构的设置应当重视仲裁员队伍的建立，重视仲裁员的专业性和公正性，建立完善的监督机制，保证仲裁的公平、公正。

2. 责任制度

仲裁员的责任一般包括纪律责任、民事责任以及刑事责任。纪律责任，是指对违反仲裁组织自治规范的仲裁员的处罚。民事责任，是指仲裁员在仲裁过程中因不当行为而造成的损失，由仲裁员承担赔偿责任。刑事责任，是指仲裁员因其行为触犯刑法而应承担一定的刑事责任。关于仲裁员的责任制度，学术界存在有限责任豁免、绝对责任豁免以及无限责任豁免三种理论。绝对豁免理论与无限责任两个极端的理论已经被淘汰，有限责任豁免理论得到了推广与应用。[①] 不过，豁免理论仅仅存在于民事责任领域。在刑事责任领域，一般是由刑法予以调整的，将仲裁员与法官的责任通过同一条文即索贿受贿、徇私舞弊、枉法裁判行为承担刑事责任。我国《仲裁法》第 38 条、第 58 条第 6 项进行了类似规定；日本、新加坡也是如此。

不过，作为商会仲裁机构，仲裁员的责任制度应当更多地体现在纪律责任上，即通过对仲裁员设定行为准则来规范其行为。以 CIETAC 为例，关于仲裁员责任，主要通过《仲裁员守则》《仲裁员行为考察规定》来规制，惩罚措施包括警告、解聘等。另外，需要设置考察监督机构，重视当事人的投诉以及对仲裁员的评价，建立动态调整机制，及时解聘不适格的仲裁员。

（四）仲裁规则的设定

仲裁规则是当事人选择仲裁机构的重要考虑因素，仲裁规则的科学性、合理性、全面性、专业性是当事人仲裁纠纷解决的重要保证。由于仲裁规则是私人程序，其在制定规则时必须考虑本国具有效力性、强制性规范的仲裁法、民事诉讼法等可能涉及由仲裁庭作出的对当事人采取强制性措施的法律规范的规定。这也就意味着仲裁法落后或契约性不足的国家和地区的仲裁规则相较重视仲裁制度及司法足够尊重契约的国家和地区存在天然的劣势。可以这样说，仲裁规则在一定程度上依附于司法土壤。通过前文所述各仲裁机构的仲裁规则的对比发现，绝大部分的仲裁规则具有相似之处，如多份合同仲裁、合并仲裁、追加当事人、仲裁庭的组成、简易程序等相关规则。不过在我国重司法、轻契约的法律背景下，目前，我国在一些仲裁规则上还无法与国际知名的仲裁机构比拟。例如，紧急仲裁规则，是指依据当事人的申请，在紧急情况下由紧急仲裁员依据仲裁规则作出临时措施的裁决。在我国，如果仲裁当事人依据中国法律申请保全的，仲裁机构是无权作出仲裁裁决的，而只能将申请保全的申请转交具有管辖权的法院。

囿于我国《仲裁法》以及《民事诉讼法》，商会仲裁机构在进行仲裁规则的制定时，一定不能照搬西方规则，而应该在我国现有的法律框架内量力而行。在仲裁规则的设置方面尽可能与国际接轨，并结合商业习惯创设一些具有特色的规则。

（五）经费来源的保障

1. 经费来源

仲裁机构作为独立运行、不受任何组织控制及干预的纠纷解决机构，要保持其独立性，财务上的独立自主是必要的。在国外，仲裁机构虽然隶属于商会组织，但其是独立运行的，仲裁活动不受商会影响，其经费主要依靠仲裁收费，实现自收自支，在财务上不依赖任何组织。在我国，由

① 范铭超：《仲裁员责任法律制度研究——兼及我国仲裁员责任法律制度的反思与构建》，华东政法大学 2012 年博士学位论文，第 94 ~ 97 页。

于仲裁机构在成立初期即由行政机关主导组建,其在财务上也一直依赖行政拨款。另外,国务院对仲裁机构的收费设定标准,其将仲裁机构定位为提供解决争议的社会公共服务的非营利性组织,不应以追逐利润为目标。然而,仲裁本质作为一种私人程序,仲裁机构作为服务机构,高度依赖当事人的自主选择,高质量的仲裁服务才具有吸引力。受制于行政权的影响,我国现有的仲裁机构难以吸引优秀的仲裁员,仲裁案件较少。可以这样说,我国很多仲裁机构已经到了“无米下锅”的地步。有学者分析指出,从 1995 年 9 月 1 日《仲裁法》实施到 2011 年,历经 15 年“过渡”,全国 211 家仲裁机构中实现自收自支的是少数。自收自支并依法纳税的,更是少而又少的(估计不超过仲裁机构总数的 5%)。这说明全国仲裁机构的收入普遍偏低,经济状况不佳。①

实现自收自支是仲裁保持独立性的必要条件,而实现自收自支需要高质量的仲裁服务。因此,仲裁制度发展需要良性的竞争,允许具有一定规模的商会组织自主设立仲裁委员会并自收自支,让仲裁委员会参与市场经济并接受优胜劣汰的市场竞争规律调节,进而有效地利用社会资源,完成优化配置。只有在合理的竞争模式下,仲裁服务质量才能得到提升,只有恢复民间性,仲裁制度才能健康向上发展。

2. 税收优惠

仲裁机构作为提供解决纠纷的社会公共服务的非营利性组织,国家在税收上应当予以支持,给予税收优惠,然而事实并非如此。2010 年以前,仲裁收费是按照行政事业性收费的,实行“收支两条线”的管理,仲裁机构在财务上丧失自主性。2010 年以后,财政部接受全国人大代表梁慧星教授的提议将仲裁费由行政性收费变革为中介服务收费,这一改革赋予了仲裁机构在财务上较大的自主权,仲裁机构完全按照企业标准缴纳税费。但这样的纳税标准也不合理。首先,这样的纳税标准不符合仲裁机构作为国家对其社会公共服务的非营利性组织的市场定位。其次,按照企业标准纳税,除个人所得税外,仲裁员报酬还要缴纳营业税、城市建设税和教育费等,事实上,仲裁员的报酬是仲裁员提供的争端解决服务的劳动所得。然而,仲裁员的收入须纳入仲裁机构的纳税额之中,造成双重纳税的现象;仲裁员收入越高,企业纳税也越多,导致仲裁机构不愿意给予仲裁员较高的报酬,严重影响了仲裁员的积极性、主动性。在国外,很多国家政府将仲裁机构作为非营利组织,英美法系国家主要采取有限担保公司的形式,而大陆法系国家则多为注册的社团法人,或为商会下设的仲裁机构,并给予相应免税减税待遇。② 仲裁机构的纳税标准应当符合其市场定位,仲裁机构作为非营利性的市场组织,我国不应将其按照企业的纳税标准收税,而应比照非营利组织,对仲裁机构实行宽松的税收政策。

五、结语

商会与仲裁关系密切,现代仲裁制度由商会仲裁发展完善而来,世界上知名的仲裁机构大多在商会下设立,如英国伦敦国际仲裁院、瑞典斯德哥尔摩商会仲裁院、瑞士苏黎世商会仲裁院等。由商会享有仲裁权既满足了商会组织内部成员对纠纷解决专业性、公正性的要求,也符合仲裁偏向于解决商事纠纷的特征。我国仲裁制度移植于西方,但是在仲裁机构设置上与西方有较大区别,由商会设置仲裁机构是仲裁制度的本质表现形式之一,我国借鉴了这一形式,《仲裁法》规定,

① 王红松:《关于我国仲裁机构的税收问题》,载《北京仲裁》2011 年第 1 期。

② 蔡元培:《仲裁机构“去行政化”的两种模式》,载《北京仲裁》2015 年第 1 期。

仲裁委员会由市政府有关部门和商会统一组建。但实质上,我国仲裁机构受行政权力影响较大,商会被边缘化,行政权力的干预破坏了仲裁机构本身自治性、独立性及专业性的优势,难以赢得民商事主体的信赖。商会仲裁制度作用的发挥有助于缓解我国目前商事纠纷解决方式单一,案多人少,矛盾处理缺乏科学性、合理性等问题,符合我国当前"创新社会治理模式,打造共建共治共享社会治理新格局"以及"构建多元化的纠纷解决机制,缓解司法压力"的双重目标。仲裁作为一种私人纠纷解决程序,属于社会法律服务机构,允许商会建立仲裁机构,引入竞争机制,可以倒逼我国现有仲裁委员会去行政化的进度,最大限度地发挥仲裁在我国纠纷解决中的作用。因此,笔者认为:允许具有一定规模的商会在其内部设立仲裁机构,发挥商会仲裁权的作用具有理论和实践的双重意义。

On the Right of Arbitration of Chamber of Commerce and Its System Construction

By Tan Xiao and Zhang Yongqiang

Abstract:The right of arbitration is a sub – right of the autonomy of the chamber of commerce. The right of arbitration of chamber of commerce is expressed by the establishment of an arbitration institution within the chamber,which allows it to settle disputes between members of the chamber and between members of the chamber and outside social members. The construction of the arbitration system of the chamber of commerce conforms to the dual goals of "creating a new pattern of co – construction,co – governance and shared social governance" and "building a diversified dispute resolution mechanism". The role of chamber of commerce arbitration in the settlement of commercial disputes in China can be brought into full play to the greatest extent by legislation allowing the arbitration of chamber of commerce,establishing judicial guarantee,reasonably setting up the internal organs of chamber of commerce arbitration,arbitrator selection and responsibility system,arbitration procedure rules,and establishing fund guarantee mechanism.

Key Words:chamber of commerce;arbitration right;arbitration system

（责任编辑:何　倩）

新冠疫情下粤港澳大湾区仲裁发展新常态

郭颖玫*

内容摘要　在新冠疫情影响下,以远程模式进行仲裁成为粤港澳大湾区仲裁之首选方式和新常态。远程模式既能解决传统仲裁模式存在的地域限制问题,又能确切执行防疫措施使案件进度不受影响。为此,粤港澳大湾区内的仲裁机构推出了各种指引以推行远程仲裁模式,中国南沙国际仲裁中心更于疫情期间成功为一宗13亿元的企业拆借纠纷案实现"一案四地"的远程庭审,为粤港澳大湾区的远程仲裁发展树立重要里程碑。仲裁作为国际商事领域中最普及的非诉讼争议解决机制,特别适合粤港澳大湾区这种多样性兼容的深化合作地区。事实上,广州仲裁委员会早于2010年成立中国南沙国际仲裁中心,已率先推行三地仲裁庭审模式,此外于2018年亦引领建立粤港澳大湾区仲裁联盟以便凝聚粤港澳三地仲裁业界的力量,解决三地法制差异带来的问题及挑战。远程模式仲裁服务和大湾区仲裁联盟均是粤港澳大湾区法律服务之新亮点,两者的并行发展对着力建成国际民商事争端解决中心和服务"一带一路"有极大的帮助。

关键词　远程模式仲裁　粤港澳大湾区　广州模式仲裁联盟

一、仲裁在粤港澳大湾区中的角色

粤港澳大湾区(以下简称大湾区)既是"一带一路"建设的重要支撑,也是内地与香港、澳门特别行政区(以下简称特区)深度合作示范区。[①] 大湾区内的粤港澳三地,社会制度迥异、法律体系也不同;仲裁作为国际商事领域中最普及[②]的非诉讼争议解决机制(Alternative Dispute Resolution),以它中立、迅速及弹性的特质见称,特别适合粤港澳大湾区这种多样性兼容的深化合作,且能让大湾区内的争议解决实现无缝连接,大大提高了大湾区在对外开放中的地位。

2018年,由广州仲裁委员会引领建立的大湾区仲裁联盟[③]凝聚了三地仲裁业界的力量,进一步提升了大湾区仲裁的专业性,有效助力大湾区营商环境,大湾区仲裁联盟的成立及工作得到粤

---

* 郭颖玫,香港大学法学硕士,澳门执业大律师、中国委托公证人(澳门)、澳门世界贸易中心仲裁中心仲裁员、澳门律师公会自愿仲裁中心仲裁员、中国贸易促进委员会仲裁员、中国海峡两岸仲裁中心仲裁员、广州仲裁委员会仲裁员、中国南沙国际仲裁中心仲裁员、深圳国际仲裁院仲裁员、澳门仲裁协会会长。

① 参见《粤港澳大湾区发展规划纲要》。

② "Arbitration in now the principal method of resolving international disputes involving states, individuals and corporations. This is one of the consequences of the increased globalization of world trade and investment." "97% of respondents indicate that international arbitration is their preferred method of dispute resolution, either on a stand - alone basis (48%) or in conjunction with ADR (49%)", 2018 International Arbitration Survey: The Evolution of International Arbitration, Queen Mary University of London.

③ 由广州仲裁委员会等广东省九家仲裁机构与香港、澳门特别行政区两家仲裁机构及专业团体(香港仲裁司学会、澳门仲裁协会)共同倡议发起成立。

港澳三地政府[①]的认可及业界的大力支持，是法律服务融合的领先示范。[②]

仲裁既为大湾区提供多元化争议解决机制，也是大湾区内“一国两制三法域”示范三地法律服务合作的成功实践。

二、大湾区内三地仲裁规则的融合模式

粤港澳三地各自有不同的法律制度，[③]要在大湾区内实现非诉讼争议解决机制的融合必先解决法律及规则差异带来的问题及挑战。

大湾区仲裁联盟的一个重要目标便是通过共同推动打造对仲裁友好的司法环境以突破三地法制不同而对解决营商纠纷争议造成的障碍。为此，联盟的仲裁机构及专业团体均积极推动跨境商业服务的当事人使用仲裁以作为解决纠纷的有效途径。

大湾区内“9 + 2”城市群中的仲裁中心[④]受各自所在地的仲裁程序法（*lex arbitri*）规管并依照各自的仲裁规则运作，要在此前提下形成或融合一套符合大湾区商业活动的争议解决模式是发展大湾区的重要环节。

10 年前，香港、澳门特区的仲裁机构及仲裁法专家在广州仲裁委员会的牵头下开始共同研究组建非营利性国际商事仲裁平台的可行性。三地的仲裁业界最终落实合作方案并于 2011 年正式成立南沙国际仲裁中心[⑤]，推行一套创新模式，首度实现粤港澳仲裁规则的融合对接，为大湾区非诉讼争议解决机制的发展树立了重要的里程碑。

南沙国际仲裁中心在全国率先创立三地仲裁庭审模式，使涉外案件当事人可以在南沙中心选择自己熟悉的语言和庭审模式［可选择中国特色社会主义法系、大陆（欧洲）法系或英美法系的庭审模式］进行仲裁并提供粤、港、澳三地的仲裁规则及《联合国国际贸易法委员会仲裁规则》（UNCITRAL Model Rules）供当事人自主选择适用；此外，当事人还可选择合适的仲裁员以及开庭地点，充分体现仲裁的“意思自治原则”及“弹性原则”，为粤港澳仲裁业界作出领先的示范及为三地的法律合作建立良好基础。

粤港澳三地仲裁规则融合对接的模式的优势非常明显，它使争议双方能够选择惯用的仲裁规则，并采用当事人最熟悉之语言包括普通话、粤语、英语甚至葡萄牙语进行仲裁，使仲裁程序的运作更为流畅。而且该中心也为当事人提供来自国内及国际的仲裁员名单让当事人可以选择合适的人选处理争议。

这种模式不仅妥善地解决了不同仲裁规则及法制冲突带来的问题，而且体现了仲裁的优势，

---

① 2019 年 2 月 23 日上午，粤港澳大湾区仲裁联盟在广州召开工作会议。司法部副部长刘振宇、广州市市长温国辉、广东省司法厅厅长曾祥陆、澳门特别行政区政府法务局局长刘德学出席会议并分别致辞。

② “粤港澳大湾区仲裁联盟是仲裁为民与服务粤港澳大湾区战略相结合的产物。”自党的十八届四中全会提出“完善仲裁制度，提高仲裁公信力”的决策部署以来，仲裁作为现代公共法律服务体系的重要组成部分，让人民群众切实感受到纠纷解决服务更加便捷是党和国家赋予的使命。载中华人民共和国司法部中国政府法制讯息网：http://www.moj.gov.cn/subject/content/2019 - 01/30/864_231676.html，2020 年 6 月 30 日最后访问。

③ 内地为中国特色社会主义法系（The Socialist System of Laws with Chinese Characteristics）、香港特区为普通法系（Common Law System）、澳门特区为大陆法系（Civil Law System）。

④ 目前，内地之广州仲裁委员会、深圳国际仲裁院、中国南沙国际仲裁中心、珠海国际仲裁院，香港特区之中国国际经济贸易委员会香港仲裁中心、香港国际仲裁中心，澳门特区世界贸易中心仲裁中心、澳门律师公会自愿仲裁中心等均是大湾区内的主要的仲裁机构。

⑤ 南沙国际仲裁中心由广州仲裁委员会成立，于 2015 年 9 月 24 日正式更名为“中国南沙国际仲裁中心”。

并将具有兼容性、专业性、国际性的仲裁服务带入大湾区,更是大湾区法律服务发展可以借镜之成功实践。

三、远程模式[①]之发展

在仲裁程序中使用网络技术于网上提交文件、远程庭审及听取证言已是许多国家及地区颇为普遍之做法。[②] 在2020年年初新冠疫情期间,远程模式既能确切执行防疫措施亦能使仲裁案件进度不受影响,故成为疫情下之首选方式。

应三地政府之防疫措施,鉴于内地及香港、澳门特区之间通行均需要履行14天之隔离防疫措施,大湾区仲裁案件之审理进度亦很大程度上受到疫情之影响。分别身处粤港澳三地的当事人及仲裁员均面临无法如期出席庭审并需要将案件改期之处境。所幸的是,仲裁程序一向以其弹性及便捷见称,各仲裁中心在新冠肺炎疫情影响下亦纷纷迅速作出调整措施,在当事人之同意下将案件"移师"网上进行庭审。

在此情况下,为避免案件进度受到拖延,许多大湾区的仲裁机构为应对疫情推出各种远程模式之指引:中国国际经济贸易仲裁委员会香港仲裁中心参照适用中国国际经济贸易仲裁委员会发布的《关于新冠肺炎疫情期间积极稳妥推进仲裁程序指引(试行)》;[③]香港国际仲裁中心于疫情期间推出关于新冠肺炎疫情的应对措施及服务,[④]通过在线形式进行案件管理及庭审;广州仲裁委员会关于新型冠状病毒疫情防控期间工作安排的公告主要涉及立案及开庭安排的调整;[⑤]深圳国际仲裁院也发布了关于疫情防控期间仲裁工作及相关事项的通知,[⑥]包括仲裁参与人可以通过工作人员电话、电子邮箱联系网上立案、远程开庭等。

这些措施主要是为应对及防范肺炎疫情的传播,并以不同的指引开辟远程仲裁模式:通过在线方式立案、推进案件及通过远程模式进行庭审。可见,各仲裁机构无不为案件的顺利进行而"各出其谋、积极应变",在面对这场疫情挑战的同时也在加速大湾区仲裁程序远程化的发展。

广州仲裁委员会的远程仲裁服务更被司法部发布为第一批疫情防控和企业复工复产公共法律服务典型案例。[⑦] 疫情期间,广州仲裁委员会的分支机构中国南沙国际仲裁中心为一宗超过13亿元的仲裁案件举行庭审,当中三位仲裁员、两方当事人分处粤、港、澳、豫四地,通过广仲"云仲裁"平台联机举行,为国内首次实现"一案四地"的商事仲裁远程庭审。三位来自粤、港、澳三地,拥有不同法律背景的仲裁员,以仲裁结合调解之优势迅速处理该超过13亿元的企业拆借纠纷案件。该案庭审中,三位仲裁员、双方当事人在"云仲裁"平台搭建起的虚拟仲裁庭内实现"一案四

---

① "远程模式"(Remote Dispute Resolution Proceedings)应与"在线仲裁"(Online Dispute Resolution,ODR)区分。

② "At the outset, Mr Born clarified that virtual hearings are not a novel technology device used in arbitral proceedings." Virtual Hearing: Present or Future, Alvaro Galindo (Georgetown University Law Center) Kluwer Arbitration Blog, May 23, 2020.

③ 载中国国际经济贸易仲裁委员会网:http://www.cietac.org/index.php? m = Article&a = show&id = 17048,2020年6月30日最后访问。

④ 载香港国际仲裁中心网:https://www.hkiac.org/zh-hant/news/hkiac-service-continuity-during-covid-19,2020年6月30日最后访问。

⑤ 载广州仲裁委员会网:https://gzac.org/gkxx/36668.jhtml,2020年6月30日最后访问。

⑥ 载深圳国际仲裁院网:http://www.sccietac.org/index.php/home/index/newsdetail/id/2838.html,2020年6月30日最后访问。

⑦ 载中华人民共和国司法部中国政府法制信息网:http://www.moj.gov.cn/subject/content/2020-03/24/1482_3247600.html,2020年6月30日最后访问。

地”同步审理，通过网络举证和质证，以及实时查看庭审记录的方式进行庭审。在仲裁庭促成双方达成和解之后，该宗争议金额超过 13 亿元的企业拆借纠纷案件正式结束，从组庭到结案需要仅两周[①]时间，再次见证远程仲裁之便捷及高效。

事实上，大湾区内的不少仲裁中心已具备相关规则[②]及技术条件进行远程仲裁。基于远程模式之优势，通过使用率可以知道以线上结合线下之仲裁形式已经迅速获得争议双方当事人采用及认同，[③]相信未来越来越多人会选择以远程的方式进行仲裁解决纠纷。

数据显示，在抗击新冠疫情过程中，争议当事人已更多地通过网上立案，选用远程庭审。[④] 当事人也已通过使用该模式处理争议了解到它的好处，因此，日后即使非受到地域限制或疫情防控措施之影响，基于远程仲裁之优势，相信此模式仍可以保持较高使用率。从便利的角度来看，即使“足不出户”，仲裁程序也可以顺利进行而无须考虑地域限制且节省来回路途之成本及时间，[⑤]尤其适合大湾区之跨境商业纠纷，故应得到较广泛的推广及应用。

在实际操作方面，虽然远程模式之实践必须具有较高专业要求及技术配套[⑥]且以视频进行庭审亦有未及现场模式[⑦]之处，但与传统模式相比，远程模式确实更为便捷。

在“机构仲裁”（Institutional Arbitration）之情况下，当事人可以按照仲裁中心提供之配套设施及规则进行远程仲裁。当事人可按照实际需要协定选择部分远程及全远程（非接触式）从而制定最适合的仲裁模式，充分体现“弹性原则”的优势。申言之，正如国际仲裁的一般做法，通信可采用电话或电邮方式往来，仲裁之书状及证据则可以通过电子平台提交或直接将档案交到仲裁机构，而在疫情下，庭审程序由现场模式改为通过视频进行。另外，为确保庭审之顺利进行，仲裁庭秘书可协助当事人于仲裁中心与仲裁员通过仲裁中心之软件平台以视频方式进行庭审，亦可以按照仲裁中心之指示在适当地方，如仲裁中心的分支机构进行视频。[⑧]

港澳两地更可以透过远程模式进行“临时仲裁”（Ad Hoc Arbitration），相对于机构仲裁而言，临时仲裁则更具有灵活性。[⑨] 案件以临时仲裁方式进行时，当事人还可以约定适用的规则或经双

---

① 载广州市人民政府网：http://www.gz.gov.cn/ysgz/jyzc/fzzc/content/post_5823778.html，2020 年 5 月 11 日最后访问。

② 广州仲裁委员会的《仲裁规则》第 52 条第 3 款规定：“开庭审理和书面审理，可以采取在线、线下或者两者相结合的方式”；深圳国际仲裁院 2019 年 2 月 21 日起施行的《仲裁规则》中明确增加了有关信息技术应用的规定，第 67 条规定：“经当事人同意，仲裁院或仲裁庭可以决定全部或者部分仲裁程序借助信息技术进行，包括但不限于网上立案、送达、开庭、质证。”

③ “2 月 3 日至 4 月 30 日，广仲通过远端庭审如期开庭审理案件 129 宗，合计争议金额超过 18 亿元，其中当事人、仲裁员在境外的远端庭审案件 38 宗，平均在庭审后 20 天以内即可结案，耗时较过往大大缩短。”载广州市人民政府网：http://www.gz.gov.cn/ysgz/jyzc/fzzc/content/post_5823778.html，2020 年 5 月 11 日最后访问。

④ 2020 年 2 月 3 日至 28 日，广仲共收到网络立案 587 件，邮寄立案 474 件，使用非接触方式立案的数量较过往平均增长 47%。参见《广州仲裁委：非接触立案量增 47%，远端庭审成常态》，载《广州日报》百度官方账号，2020 年 3 月 2 日。

⑤ 从时间上估算，大湾区内之路程需视乎前往之地区，在交通畅顺之情况下大概消耗 1 小时至 3 小时不等，连来回之路程大概需要 2 小时到 6 小时。

⑥ *Seoul Protocol on Video Conference in International Arbitration.*

⑦ 实际操作中必须考虑庭审流程并确保程序公正，此外，在远程模式中需确保镜头前之证人现场没有其他人在现场指导回答；视频软件之网络信息风险，其他问题包括在流程之时间控制方面未如理想等。

⑧ “贸仲在中国各主要城市都设有多达 13 个分支机构，若未能前往香港开庭时亦可以选择在分会的开庭室以远端视频参与”，参见中国国际经济贸易委员会香港仲裁中心：《贸仲香港商事仲裁五十问五十例仲裁指南》。

⑨ “On the other hand, ad hoc arbitration is arguably more flexible and potentially more confidential than institutional arbitration.” Gary B. Born, *International Arbitration: Law and Practice*, Second Edition, Wolters Kluwer, p. 6.

方同意而使用视频方式进行庭审,庭前应做预先准备工作[1]以便能顺畅地使用相关网络软件[2]进行视频。同样,仲裁员亦应确保符合程序公正,并在审理过程中有义务确保双方当事人之权利平等、遵守仲裁保密原则。[3]

在疫情影响下,以远程模式进行仲裁已成为全球流行之模式[4],能解决传统仲裁模式的地域限制问题并有效节约时间和成本。大湾区以及国际上许多仲裁机构[5]近期均制定相应远程仲裁指引并推出措施鼓励[6]让更多人使用仲裁解决纠纷。进一步而言,尽管远程模式恒常化仍面对不少挑战[7],但长远来看,仍未推行远程服务的大湾区仲裁机构在具备条件的情况下可以参考目前仲裁发展远程模式之趋势,并将远程仲裁的相关规定纳入仲裁规则,以便提升服务层次及加强竞争力。

以远程模式进行的仲裁程序具备了便捷、迅速、节省成本等好处,且以该模式进行仲裁之裁决亦与一般仲裁裁决无异,同样可以在粤港澳地区相互认可及执行。[8] 在兼备各种优势之情况下,相信此模式将来仍有不少拓展空间并对大湾区的仲裁发展有重要影响。

四、结语

在疫情之催化下,远程模式已成为大湾区仲裁之新常态,并弥补了传统模式之不足。仲裁业界成功利用科技、互联网仲裁技术,进一步推动大湾区仲裁服务,促进仲裁制度新模式的发展。事实上,大湾区的远程仲裁服务为大湾区建设提供了多元化及高效、优质的法律服务配套,对着力建成面向世界的国际民商事争端解决中心、服务"一带一路"及增强粤港澳大湾区辐射周边国家和地区的能力有极大的帮助。

粤港澳大湾区仲裁联盟的成立,可以实现各仲裁机构规则贯通、仲裁员名册共享、仲裁制度宣传资源的互补,对接内地、香港特区、澳门特区三种不同的仲裁审理模式,是促进大湾区发展的非诉讼争议解决机制的重要元素。

远程模式仲裁服务及粤港澳大湾区仲裁联盟均是大湾区法律服务之新亮点,两者的配合发展更可以为大湾区综合性对外国际商事仲裁平台的搭建形成可预期的绝对优势。

---

① 例如,当事人应先在软硬件方面准备稳定的计算机、网络设施、软件等并按照仲裁员之指示确保庭审之进行符合远端仲裁之要求及规格。

② The International Council for Commercial Arbitration, New York City Bar Association and International Institute for Conflict Prevention & Resolution Working Group's 2020 Cybersecurity Protocol for International Arbitration.

③ 例如,网络安全方面,视频软件应选择可信之网络商,视频的两端使用终端需加密。此外,正如一般仲裁程序之要求,当事人亦应在室内安静及隔音之环境中完成庭审。

④ "The covid - 19 pandemic means that virtual hearings are no longer just an option for unusual circumstances but a reality of daily practice that we must all embrace." Virtual Hearings - The new Normal, Global Arbitration Review, 27 March, 2020.

⑤ 例如,ICC Guidance Note on Possible Measures Aimed at Mitigating the Effects of the COVID - 19 Pandemic。

⑥ "在防控疫情特殊时期,双方当事人均同意使用深圳国际仲裁院的网络仲裁服务平台参加仲裁程序(全程使用计算机网络或邮件快递参与案件全部相关环节,包含但不限于提交材料、转递材料、远程庭审等)的,仲裁费将大幅减免。其中,符合网络远端仲裁条件的案件,国内案件受理费全免,国际案件立案费全免,其他费用按照《仲裁规则》规定费率的50%收取;"载中国政府法制讯息网:http://www.moj.gov.cn/Department/content/2020 - 03/03/612_3243121.html,2020年6月30日最后访问。

⑦ 例如,网络讯息安全风险、个人资料识别技术、优化实时之网络技术、同步处理参与庭审人数较多之视频模式等。

⑧ 包括《关于内地与香港特别行政区相互执行仲裁裁决的安排》《关于内地与澳门特别行政区相互认可和执行仲裁裁决的安排》《关于澳门特别行政区与香港特别行政区相互认可和执行仲裁裁决的安排》。

The New Normal for Development of Arbitration in Guangdong – Hong Kong – Macao Greater Bay Area during the COVID – 19 Pandemic

By Guo Yingmei

Abstract: Remote arbitration has become the most preferred way of conducting arbitral proceedings in the Greater Bay Area and considered as a new normal for arbitration under the impact of COVID – 19 pandemic. It does not only eliminate problems of territorial restrictions, when traditionally arbitral hearing is conducted in a physical way, but it also complies with epidemic prevention measures without interrupting or delaying to the proceedings. For these reasons, arbitral institutions in the Guangdong – Hong Kong – Macao Greater Bay Area have introduced various guidelines to implement remote arbitration proceedings. During the pandemic, the China Nansha International Arbitration Centre has successfully conducted a remote hearing for a corporate financial dispute amounted to RMB $1. 3 billion that involves parties from four different cities in China (characterized as "four cities in one case") and sets a milestone in development of remote arbitration in the Greater Bay Area. Arbitration is recognized as the most popular alternative dispute resolution in resolving international commercial disputes, and will plays an important role in the deepening cooperation amongst Guangdong, Hong Kong and Macao. In fact, the Guangzhou Arbitration Commission has established the China Nansha International Arbitration Centre in 2010, and implemented the "Guangdong – Hong Kong – Macao Model" arbitration. In 2018, the Guangzhou Arbitration Commission also took the lead in establishing the Greater Bay Area Arbitration Alliance to consolidate strengths of arbitration services and one of their main objectives is to address problems brought by existence of three vastly different legal systems in the Area. Both the development of remote arbitration and the Greater Bay Area Arbitration Alliance are new drive to promote legal services of the Guangdong – Hong Kong – Macao Greater Bay Area. Their concurrent development will definitely be favourable to establishing of an international civil and commercial dispute resolution hub and facilitates the advancement of "the Belt and Road Initiative".

Key Words: remote arbitration; Guangdong – Hong Kong – Macao Greater Bay Area; Guangzhou Mode

(责任编辑:谢俊杰)

深化粤港澳仲裁合作,助力“一带一路”建设

戴　蕾*

内容摘要　粤港澳大湾区内具有“一国两制三法域”的特点,粤港澳大湾区城市群建设必将面临不同法律制度、不同法域的冲突。选择从最容易形成共识的仲裁合作入手可以有效打破区域间法律制度的壁垒,从而保障大湾区的经济社会和谐稳定的发展。中国南沙国际仲裁中心是粤港澳仲裁合作的一次有益尝试,而粤港澳大湾区仲裁联盟的成立,则能加强大湾区内仲裁机构的联动,推动仲裁行业自律。总结中国南沙国际仲裁中心的实践经验,进一步发挥粤港澳大湾区仲裁联盟的作用,深化粤港澳大湾区仲裁合作,完善大湾区法律服务,可以为粤港澳大湾区及“一带一路”建设提供有力保障。

关键词　粤港澳大湾区　法律服务合作　仲裁合作　广州模式

一、引言

建设粤港澳大湾区,是习近平总书记亲自谋划、亲自部署、亲自推动的国家战略;既是新时代推动形成全面开放新格局的新尝试,也是推动“一国两制”事业发展的新实践。2019年2月18日《粤港澳大湾区发展规划纲要》(以下简称《规划纲要》)的公布,标志着粤港澳大湾区建设从开局起步转向全面铺开、纵深推进阶段。本文认为,加快推进粤港澳大湾区建设,经济合作与法律合作应该是相互依存、齐头并进的。法律咨询、调解、仲裁、公证等多方面的法律服务合作,有助于化解现有的法律冲突,为经济合作保驾护航。在现有条件下,仲裁无疑是跨越法律障碍的最好方式,也是三地法律服务合作探索的最佳突破口。《规划纲要》明确指出,粤港澳大湾区应发展成为“一带一路”建设的重要支撑。深化粤港澳大湾区的仲裁合作,不仅有助于提升粤港澳大湾区争议解决水平和竞争力,也能让粤港澳大湾区优质法律服务资源更好地服务“一带一路”建设。

二、粤港澳大湾区仲裁合作是法律服务合作的“试金石”

(一)粤港澳大湾区仲裁合作的基础

雄厚的经济实力,高效便捷的交通体系,相对完备的基础设施,丰富的人才储备,包容开放的文化等优势让粤港澳大湾区得以和世界三大湾区相提并论。目前,粤港澳合作已跨入新的历史时期,从过往经济的协议发展走向城市群的共同发展。粤港澳大湾区的定位在于打造世界级城市群,这对于推进和落实“一带一路”倡议及“一国两制”等都具有重要的战略意义。随着粤港澳

---

* 戴蕾,中山大学法律硕士。

大湾区建设的深入推进，三地之间的合作日益紧密，跨地域的经济往来必将带来大量的商事争议和投资争议。由于粤港澳大湾区存在“一国两制三法域”的特点，在长达二十多年的合作中，存在法律冲突的三地之间一直欠缺共同的争议解决机制。因此，有必要推动粤港澳三地法律服务合作，以对粤港澳大湾区城市群建设中的争议冲突进行有效协调，从而减少三地经济合作的障碍。

仲裁是基于商人自治的一种争议解决方式，具有无地域性，并得到广泛国际认同。综观全球，世界经济发展中心均有先进的仲裁机构，如美国仲裁协会是当今世界最大的仲裁机构，总部设在纽约，并在全美 24 个主要城市设有分支机构。此外，新加坡国际仲裁中心、法国巴黎的国际商会仲裁院、英国的伦敦国际仲裁院、瑞士苏黎世商会仲裁院都在国际社会负有盛名。可见，仲裁是国际通行的争议解决方式，在经济发展地区不可缺位。我国粤港澳三地虽分属于三个不同的法域，一方面，广东省与香港、澳门特别行政区（以下简称特区）由于地缘靠近之缘故，形成以广府文化、客家文化为主的南粤文化，在文化上可谓是同根共源，因此通过交流可以增强彼此的认同感，减少差异，为仲裁方面的合作奠定基础；另一方面，三个法域的仲裁基本制度差别不大，原则性区别不多，均具有充分尊重当事人意愿、约定管辖、专家断案、公正高效、保密性强、一裁终局、广泛执行力等独特优势，构建一套粤港澳三地认可且有可预见性的争议解决合作机制是必要且可行的。迄今为止，内地与港澳就仲裁裁决分别签订最高人民法院《关于内地与香港特别行政区相互执行仲裁裁决的安排》、最高人民法院《关于内地与澳门特别行政区相互认可和执行仲裁裁决的安排》，也就是说在粤港澳大湾区内作出的仲裁裁决，无论是在内地，还是在香港、澳门特区，都能根据安排相互认可执行。所以，仲裁能让大湾区内的商事争议解决实现无缝链接。综上所述，相对诉讼、法律咨询、调解等其他法律服务方式而言，构建粤港澳仲裁合作机制门槛较低，实现可能性较大。

（二）深化粤港澳大湾区仲裁合作的意义

在推进“一带一路”和粤港澳大湾区建设的背景下，全面深化粤港澳大湾区仲裁合作具有多方面的重要意义，具体如下：

1. 有利于推动“依法治国”的进程

自党的十八届四中全会提出“完善仲裁制度，提高仲裁公信力”的决策部署以来，仲裁作为现代公共法律服务体系的重要组成部分，让人民群众切实感受到争议解决服务更加便捷是党和国家赋予的使命。党的十九大报告强调坚持全面依法治国是坚持和发展中国特色社会主义的基本方略。在全面依法治国的国家战略下加强粤港澳大湾区仲裁合作，一方面，能够推动粤港澳大湾区内的商贸及投资合同争议依法通过仲裁解决，有助于树立法律权威，营造粤港澳大湾区法治环境，从而激发市场活力，促成粤港澳大湾区经济社会的和谐发展。另一方面，有助于内地学习港澳先进法律理念，完善内地法律体系，使之趋向良性发展。特别是香港的法治优势，对于大湾区的珠三角九个城市的法治社会的建设，具有重要的借鉴意义。

2. 有利于深化“一国两制”

党的十九大报告明确指出，“一国两制”是解决历史遗留的香港、澳门问题的最佳方案，也是香港、澳门回归后保持长期繁荣稳定的最佳制度。毫无疑问，“一国两制”必须坚持。在新时代下，港澳地区除了要在“两制”下谋求自身发展，还需积极加强与内地在各方面的合作，增强“一国”之认同感。在此背景下，粤港澳大湾区仲裁合作更加彰显“一国两制”基本国策的强大生命力。粤港澳大湾区仲裁合作意味着香港和澳门商人在内地进行商贸活动或投资时可以选择当地仲裁员，选择适用熟悉的法律和仲裁程序。无论是根据内地、香港还是澳门仲裁机构作出的裁决，都得到认可，这必将增强港澳与内地相互经贸合作和投资的信心，增加港澳居民的归属感，实现人心回归，最终深化"一国两制"发展模式。

3. 有利于节约粤港澳大湾区的司法资源

司法是维护社会公平正义的最后一道防线，为整个社会的健康有序发展提供最终保障。由于大湾区囊括广东省九市以及香港、澳门特区，地域宽广，商贸及投资合同的履行过程中难免产生跨境争议。而司法具有程序相对复杂、时间周期较长、司法资源有限等特点，如果大湾区内所有的商贸及投资合同争议都涌向法院，不仅将占用大量宝贵而有限的司法资源，降低争议解决效率，无形中也会增加当事人的争议解决成本，影响粤港澳大湾区今后的可持续发展。粤港澳大湾区仲裁合作可以整合三地的仲裁资源，最大限度地发挥仲裁便捷、经济、高效解决争议的优势，为法院分流商贸及投资合同争议，从而实现节约司法资源，降低司法成本的目标。

4. 有利于增强粤港澳大湾区的国际竞争力

在现代国际社会，争议解决机制是维护经济发展、提升国家、地区的综合竞争力的重要因素之一。如何跨越粤港澳三个不同法域的差异、平等保护各方当事人合法权益，是争议解决机制必须解答的难题。粤港澳大湾区仲裁合作可以最大限度保障当事人的合法权益，消除投资者顾虑，减少粤港澳经贸合作受制度差异的影响，营造法治化、国际化和市场化的营商环境，保障粤港澳大湾区的经济竞争公平性，增强粤港澳大湾区的国际竞争力，为大湾区的经济发展保驾护航。同时，借助粤港澳大湾区仲裁合作将大湾区经济融合世界发展，探索不同法域、不同制度融合发展的道路，必将为我国与"一带一路"沿线国家经贸合作取得难得的宝贵经验。

三、粤港澳大湾区仲裁合作的探索

（一）中国南沙国际仲裁中心

2012 年，利用南沙处于粤港澳大湾区中心的优势地理条件，广州仲裁委员会与香港仲裁司学会、澳门世界贸易中心仲裁中心以及粤港澳三地法律、经济贸易专家等发起设立了中国南沙国际仲裁中心（以下简称南沙中心），并以南沙中心为平台，共同推广国际商事仲裁制度。南沙中心创新制定《中国南沙国际仲裁中心仲裁通则》，对应中国特色社会主义法系、英美法系、大陆法系，同步运行中国内地、香港特区、澳门特区三套庭审模式。当事人可以自主选择庭审模式、开庭地点，也可以自主选定熟悉的语言和香港、澳门的仲裁员，最大限度保障当事人意思自治。与此同时，借助广州仲裁委员会的互联网仲裁优势，南沙中心引入了远程庭审技术，最大限度地克服处理国际商事争议时的时空阻隔。2019 年 11 月 20 日，南沙中心审结了一宗申请人系柬埔寨公司的国际货物销售合同纠纷案件。开庭时身在柬埔寨的申请人通过远程同步视频的方式参与庭审，在充分尊重当事人意思自治的前提下，该案从受理到结案仅用了 15 天的时间，首创国际商事仲裁远程庭审的先例。2020 年，南沙中心再次通过"云仲裁"平台虚拟仲裁庭审理了一宗争议金额超过 13 亿元的企业拆借纠纷案件，实现分处粤、港、澳、豫四地的三位仲裁员、两方当事人"一案四地"同步审理。组成该案仲裁庭的三位仲裁员来自粤、港、澳三地，分别拥有中国特色社会主义法律体系、英美法系、大陆法系的法律背景，该案从组庭到结案总共只用了 13 天，不仅创造了新的跨境商事仲裁"广州速度"，也生动展现了粤港澳大湾区仲裁合作在解决国际商事争议方面的优势。作为粤港澳三地在法律服务合作方面跨出的重要一步，南沙中心的三套庭审模式叠加远程庭审技术已经形成了国际商事仲裁的“广州模式”，既符合当事人办案的实际需要，更拉近了与国际仲裁业务当事人的距离，将粤港澳大湾区“一国两制三法域”的特点转化为国际商事仲裁的优势，从而能够更好适应“一带一路”沿线不同国家和地区各不相同的法律制度。经过8年的探索与实践，南沙中心已经成为一个有能力解决大湾区民商事争议的仲裁平台，随着商事仲裁“广州模式”的不断探索完善，将来可以为“一带一路”倡议和粤港澳大湾区建设战略提供更为优质的法律服务。

（二）粤港澳大湾区仲裁联盟

2018年9月3日，为了在南沙中心搭建的合作平台上进一步加强粤港澳大湾区各仲裁机构的联系和合作，经司法部同意，在广东省委省政府和广州市委市政府支持下，由广州仲裁委员会牵头，粤港澳大湾区“9+2”城市群仲裁机构在南沙自由贸易区签署倡议书，共同成立粤港澳大湾区仲裁联盟。粤港澳大湾区仲裁联盟旨在通过交流合作、资源共享的方式，积极推动大湾区内的法律资源整合与流动，通过统一标准、统筹协调以减少不同区域的法律制度摩擦，积极推动仲裁区域化发展。2019年2月23日，粤港澳大湾区城市群仲裁机构在粤港澳大湾区仲裁联盟召开的第一次工作会议上签署了备忘录，对于联盟的性质、组织架构、主要工作、运作机制和工作经费予以固定。联盟合作长效机制的形成，为后续各仲裁机构规则的贯通、仲裁员名册共享、审理模式对接等实际问题的探讨打下基础。

四、深化粤港澳仲裁合作的若干举措

2018年9月29日，广州市第十五届人大常委会第十七次会议表决通过了《关于促进广州仲裁事业发展的决定》，这是全国首个由地方人大出台的促进仲裁事业发展的规范性文件，彰显广州对不断完善仲裁制度、创新仲裁方式、进一步提高仲裁公信力、加强粤港澳仲裁合作的重视及支持。要进一步深化粤港澳仲裁合作，提升粤港澳大湾区争议解决水平和竞争力，同时让粤港澳大湾区优质法律服务资源更好地服务涉“一带一路”建设，还需从以下几个方面努力：

（一）充分发挥粤港澳大湾区仲裁联盟的优势作用

粤港澳大湾区仲裁联盟应当整合粤港澳大湾区内仲裁资源，形成统筹合力和品牌效应，共促仲裁事业的发展：第一，加强仲裁规则、仲裁员名册的协同和互补，推动粤港澳大湾区示范仲裁规则的制定和仲裁员名册的共享；第二，以联盟名义共同对外宣传仲裁制度，形成品牌效应，打造有世界影响力的争议解决平台；第三，联盟立足于粤港澳大湾区的仲裁实务，在不违反“仲裁保密性”原则的基础上，共享粤港澳仲裁实务及理论研究资源，将研究成果转化为粤港澳大湾区在经济发展过程中的智库，紧紧围绕粤港澳大湾区在仲裁过程中出现的热点、难点、重点问题，组织仲裁法学理论专家学者和法律实务工作者进行广泛而有深度的研讨，推出高质量的跨法域仲裁研究成果，丰富和发展具有粤港澳大湾区特色的仲裁理论和仲裁制度，以完善仲裁理论、推进其创新发展为主要任务之一，推进粤港澳大湾区仲裁事业的理论研究和实践向纵深发展。

（二）大力培养熟悉粤港澳法律的仲裁专业人士

提高仲裁公信力就必须抓好仲裁员、仲裁秘书的队伍建设。因此，粤港澳大湾区仲裁联盟应当大力为大湾区引进粤港澳优秀仲裁员，定期组织粤港澳仲裁的业务培训，加强粤港澳仲裁员之间的交流和合作，提升三地仲裁员对三地制度的认知。此外，粤港澳大湾区仲裁联盟还应当牵头联系粤港澳三地高校的法学院，逐步建立和完善粤港澳三地跨境、跨校联合培养和交流、交换机制，积极探索高校与仲裁机构联合培养的无缝衔接新机制，合作培养既懂内地法又掌握港澳法甚至国际法的高端法律人才，协调高校学生到粤港澳三地的仲裁机构实习，提高其跨境民商法律应用能力与仲裁实务能力。只有做好仲裁高端人才资源储备，才能更好地为粤港澳大湾区提供仲裁法律服务，才能为整个大湾区的经济发展添砖加瓦。

（三）协调完善粤港澳三地仲裁裁决认可与执行制度，共建诚信系统

纠纷解决的实效在于执行。在粤港澳大湾区的层面，由于内地与香港、澳门特区之间分别有关于相互认可和执行仲裁裁决的安排，仲裁裁决可以在粤港澳三地得到顺畅执行。而在内地层面，“执行难”一直是司法工作的痛点。因此，粤港澳大湾区仲裁联盟应当牵头建立粤港澳大湾区三地仲裁机构与最高人民法院及三地法院之间建立长效的沟通机制，总结粤港澳三地仲裁裁决认可与执行实务中出现的问题，共同推动打造对仲裁友好的司法环境。随着仲裁受案量的不断增长以及港澳和其他国家、地区仲裁裁决的涌入，广州法院执行庭面临的仲裁裁决执行案件随之增多。鉴于此，有必要建立和完善社会信用体系，共享司法诚信数据，共同建立法院判决、仲裁裁决执行的信用平台，促进仲裁裁决、法院判决的自动履行，减轻执行压力。

（四）大力推广粤港澳大湾区的互联网仲裁服务，发挥互联网仲裁优势

在过去20年里，互联网深度应用极大地影响了我们生活、学习、生产等方方面面。云计算、大数据、物联网已经成为越来越多企业开展创新活动与经济活动的新型基础设施，在新应用的发展和突破下，大大加速了传统产业的重构和创新，粤港澳大湾区目前形成了以腾讯公司为代表的一批互联网高科技企业集群，必将引领大湾区内传统行业多维度融合，互联网的新型商事纠纷将随之涌现。由于商业创新与商业需求必将引领商事仲裁发展的方向，因此，粤港澳大湾区仲裁联盟应当充分利用南沙中心已有的商事仲裁“广州模式”，以互联网仲裁平台为依托，借助时间戳、区块链技术、身份认证技术等技术手段，在大湾区内大力推行互联网仲裁模式。通过跨境仲裁立案、证据网络交换、远程庭审等手段，跨越时间和地域的障碍，有效提升聚合法律服务资源的能力和水平，高效解决跨境电子商务、跨境资本流动等新型争议，为大湾区内乃至全球的当事人提供高质量、便利化的国际商事仲裁服务。

接下来粤港澳大湾区仲裁联盟可研究合法、可行的路径，讨论如何以适当形式建立粤港澳大湾区互联网仲裁院，并将其打造成为全世界第一家互联网仲裁院，进一步突出和放大中国在互联网仲裁领域的领先优势，不断彰显和增强中国在国际法律事务尤其是互联网法治领域的话语权。

五、结语

粤港澳地缘上的接近、文化上的一脉相传加之仲裁在解决涉外民商事争议方面独特的优势，让构建粤港澳仲裁合作机制成为可能。南沙中心以及粤港澳大湾区仲裁联盟的成立使三地在仲裁合作方面已经取得了初步成果。接下来三地可以南沙中心为依托，进一步发挥粤港澳大湾区仲裁联盟的作用，深化粤港澳大湾区仲裁合作，实现粤港澳大湾区内仲裁法律资源的整合和互补，形成粤港澳大湾区仲裁品牌效应，为粤港澳大湾区及“一带一路”建设提供高效、优质的法律服务。

Deepening the Arbitration Cooperation between Guangdong, Hong Kong and Macao to Assist the Construction of "the Belt and Road Initiative"

—By Dai Lei

With the characteristics of "one country, two systems and three legal areas", the construction of urban agglomerations in Guangdong – Hong Kong – Macao Greater Bay Area will inevitably face conflicts between different legal systems and different jurisdictions. Starting from arbitration cooperation, which is easy to form consensus, can effectively break the barriers of regional legal system, so as to ensure the harmonious and stable economic and social development of the Greater Bay Area. China Nansha International Arbitration Center is a beneficial attempt of arbitration cooperation between Guangdong, Hong Kong and Macao. The establishment of Guangdong – Hong Kong – Macao Greater Bay Area arbitration alliance can strengthen the linkage of arbitration institutions in the Greater Bay Area and promote the self – discipline of arbitration industry. Summarizing the practical experience of China Nansha International Arbitration Center, further exerting the role of arbitration alliance and improving legal services in the Greater Bay Area will provide strong support for the construction of Guangdong – Hong Kong – Macao Greater Bay Area and the Belt and Road Initiative.

Key Words: Guangdong – Hong Kong – Macao Greater Bay Area; cooperation in legal services; cooperation in arbitration; Guangzhou Mode

（责任编辑：马　婷）

国际商事仲裁

《联合国国际货物销售合同公约》中“货物相符”规则的适用

——伦敦国际仲裁院涡轮发电机案释评

顾男飞　黄铖君*

内容摘要　“货物相符”规则的准确适用是裁判机构认定国际商事合同是否构成违约的关键。而我国法院适用《联合国国际货物销售合同公约》“货物相符”规则时存在一定的认知偏差。为解决此问题,本文以诉至伦敦国际仲裁院的涡轮发电机案为例,从主观标准和客观标准两方面就该公约第35条“货物相符”规则的适用进行具体分析。在此基础上,本文从援引一般原则并进行类推适用、借鉴国际惯例、适当进行辅助解释三方面提出建议,进而规范“货物相符”规则的适用。

关键词　《联合国国际货物销售合同公约》　“货物相符”规则　涡轮发电机案

一、引言

中国外贸进出口总额现已位居世界第一且在不断增长,但由于国内厂商缺乏涉外法律知识,我国对外贸易中出现了大量有关“货物质量”的国际商事合同纠纷。当下外贸产品所蕴含的技术含量也在逐步提升,“合同约定的质量”会因买卖双方的不同认识、各国的不同标准而显得难以捉摸。除越南和马来西亚外,我国主要贸易伙伴均是《联合国国际货物销售合同公约》(以下简称《公约》)缔约国,①根据《公约》第1条第1款(a)项,只要合同缔约方没有排除《公约》的适用,买卖双方所订立的国际货物买卖合同一旦发生纠纷就将自动适用《公约》。

在此基础上,法院判断违约的依据就是《公约》第35条所规定的“货物相符”规则。货物的内在缺陷,如在制造中使用具有瑕疵的原材料,导致货物存在发生故障的可能,将使买方的期待利益难以得到保障。那么,在这样的情况下,买方对货物的“怀疑”需要达到何种程度,满足何种条件才可认定为货物存在质量问题?“货物相符”规则中的“通常使用目的”和“特殊使用目的”应当如何界定?这些不确定的法律概念都有可能会导致法院适用“货物相符”规则时存在理解偏差。

二、我国法院适用《公约》“货物相符”规则的实践

自1988年《公约》生效开始,我国法院虽然积累了大量有关“货物相符”规则适用的案例,但

* 顾男飞,湘潭大学本科生;黄铖君,湘潭大学本科生。

① 2019年中国十大贸易伙伴:美国、日本、韩国、德国、越南、澳大利亚、马来西亚、巴西、俄罗斯、新加坡。

在一定程度上存在错误适用的问题。2008 年,肖永平教授在“1980 年《联合国国际货物销售合同公约》在成员国的适用与解释国际研讨会”指出:“中国法院和仲裁机构在适用《公约》的案件中呈现出本土化趋势,普遍存在曲解《公约》本身含义的现象。”[①]4 年后,最高人民法院原副院长万鄂湘在第三次全国涉外商事海事审判工作会议上也特别指出:“对生效的商事裁判文书申请再审的案件总量并没有下降,个别案件甚至出现了常识性错误。”[②]

(一)涉及《公约》“货物相符”规则的案件上诉率偏高

我国不同于普通法系国家遵循先例的传统,更多是依托法官对法律文本的理解并适用相关法律规范,这直接导致了司法尺度不统一的问题。以“联合国国际货物销售合同公约”和“货物相符”为关键词在北大法宝司法案例数据库中进行双重检索,共检索到我国法院自 1993 年起的 478 个案件,其中 230 个案件进入二审程序,上诉占比 48.1%,二审改判的案件达到 132 个,改判占比 57.4%。虽然随着案例指导制度的推行,审判标准逐渐统一,但随着货物的技术含量逐渐上升及合同内容的格式化,争议也越来越多。以 2019 年为例,在上述结果中进行再次检索,检索到 39 个案件,发现其中有 14 个案件进入二审程序,上诉占比 35.9%,二审改判的案件达到 8 个,改判占比 57.1%。[③] 虽然上诉比例有所下降,但二审改判比例却依旧维持在高位,可见如今法官适用“货物相符”规则依旧存在问题。

(二)我国法院适用“货物相符”规则的误区:基于上诉案件判决理由的分析

一方面,当货物存在缺陷可能时,不同法官对货物的“怀疑”需要达到何种程度才能够认定为货物质量问题存在不同意见。在亚玛有限两合公司与永康市康腾影视设备有限公司国际货物买卖合同纠纷案中,双方约定供货商康腾影视公司所提供的所有产品都应符合与亚玛公司商定的产品规格,并符合亚玛公司所提供参考样品的所有细节。然而收到货后,亚玛公司经检验发现货物存在有白点、印刷不良、螺母过小、脚部有破损、包装不良等质量问题,协商失败后,亚玛公司提起了诉讼。一审法院认为,“原告提供的证据也仅是列明了几方面质量问题,并声明无法销售,但被告未承认原告主张的所有质量问题”,因此驳回了亚玛公司的诉讼请求。[④] 然而,一审法院并未考察货物的实际情况,虽然二审法院也认定康腾影视公司未构成根本违约,但同时认为货物存在不符合合同要求,违背了“货物相符”规则。

另一方面,我国法院对“货物相符”规则中客观标准的理解有所差异,这点在最高人民法院颁布的指导案例中化国际(新加坡)有限公司与蒂森克虏伯冶金产品有限责任公司国际货物买卖合同纠纷案中体现得尤为明显。[⑤] 一审法院错误认定德国克虏伯公司交付 HGI 指数为 32 的石油焦构成根本违约,而二审的最高人民法院认定德国克虏伯公司交付的石油仍具有使用价值,可用于工业生产,且可用于转售,符合交付货物即石油的“通常使用目的”,因此不构成根本违约。

为解决法院所遇到的《公约》“货物相符”规则适用问题,可通过分析诉至伦敦国际仲裁院的

---

① Xiao Yongping and Long Weidi, *Selected Topics on the Application of the CISG in China*, *Pace International Law Review*, Spring 2008, pp. 101 - 102.

② 万鄂湘、最高院民事审判第四庭主编:《涉外商事海事审判指导:2011.1(总第 22 辑)》,人民法院出版社 2012 版,第 23 页。

③ 具体数据可参见 https://www.pkulaw.com/case/? keyword = 联合国国际货物销售合同公约,其中,二审案件数量通过分析终审结果统计得出。

④ 参见亚玛有限两合公司与永康市康腾影视设备有限公司国际货物买卖合同纠纷案,(2018)浙 07 民终 361 号。

⑤ 参见德国蒂森克虏伯冶金产品有限责任公司与中化国际(新加坡)有限公司国际货物买卖合同纠纷上诉案,载《最高人民法院公报》2015 年第 8 期。

涡轮发电机案,[①]以仲裁视角,借鉴世界范围内被普遍适用的典型判例及一般规则,通过法律解释途径来准确理解"货物相符"规则。

三、伦敦国际仲裁院涡轮发电机案基本案情及争议焦点

(一)基本案情

2014年3月,甲国Hydroen Plc(以下简称申请人)作为水力发电厂建造领域行业领袖,参加了G国水电站的招标,以支持G国可持续的发展战略,并与位于乙国的涡轮发电机制造领域的行业领袖Turbinaenergia Ltd(以下简称被申请人),在2014年5月2日签署了一份国际货物销售合同。根据该合同,被申请人应当在申请人中标后交付并帮助安装两台R-27V型号涡轮发电机,所提供的涡轮发电机应符合抗腐蚀、使用寿命和维修周期长且维修时间短的合同要求,以满足G国的能源需求,使当地可以摆脱对化石能源的依赖,进而达到招标书要求。此外,水电站一旦出现提前或超期停工的情况,申请人需要向G国支付高额的违约金。

2014年7月15日,申请人成功中标,中标的重要原因是:申请人设计的发电厂使用了被申请人最新开发且功能强大的R-27V型号涡轮发电机,因为该型号的涡轮发电机有较强的抗腐蚀性,可以延长发电机的检查和维护间隔,基本能满足G国的要求。经过4年的时间,申请人负责建造的水电站于2018年9月19日开始运营。在水电站正常运营的10天后,钢铁供应商Trusted Quality Steel Plc(以下简称钢铁供应商)的重大欺诈案被披露,而被申请人从这家钢铁供应商采购了80%的钢铁作为生产原材料。政府机关在检查时发现钢铁供应商所制造的钢材的质检证书系伪造,经检测,钢材可能存在严重的质量问题,这就解释了2018年5月在赤道沿海地区的Riverhead水电站(以下简称河源水电站)所出现的故障事件。检查过程中发现,河源水电站所安装的由被申请人提供的R-27V型号涡轮发电机叶片受到严重腐蚀,难以实现预期使用寿命而需要提前进行检修。

2018年10月3日,申请人CEO在得知此报道后立刻与被申请人的项目负责人取得了联系,询问G国水电站使用的R-27V型号涡轮发电机的涡轮叶片抗腐蚀性情况。据反馈,由于钢铁供应商提供的原材料存在问题,已安装的R-27V型号涡轮发电机的涡轮叶片可能会更易受腐蚀。由于双方沟通后无法达成一致意见,2019年7月31日,在协商无果后,申请人向伦敦国际仲裁院提交了仲裁申请,要求被申请人交付两台新的涡轮发电机以替代可能存在腐蚀风险的R-27V型号涡轮发电机,以满足此前双方所签订的合同中保证水电站平稳运行的要求。

(二)争议焦点

被申请人在答辩书中提出以下意见:首先,申请人尚未证明涡轮受到腐蚀的影响或存在气蚀现象。[②]其次,目前情况下,甚至不能确定所用钢材是否来自被曝造假的钢铁供应商,更不用说它是有缺陷的。河源水电站是一个完全不同的项目,不仅是因为河源水电站项目涉及腐蚀性更高的盐水,同时河源水电站和G国的涡轮发电机是由不同种类的钢材制成的。最后,存在被腐蚀的风险并不构成实质性损害。

---

① See Hydroen v. Turbinaenergia, vismoot. pace. edu/media/site/previous - moots/27th - vis - moot/po2. pdf, July 19, 2020.

② 气蚀现象:流体在压力变化条件下,与流体接触的金属表面上产生洞穴状腐蚀破坏的现象。

综合案情及被申请人答辩意见,本案的争点可归纳为:被申请人所交付的涡轮发电机是否存在质量问题,即是否能够满足《公约》第 35 条所规定的质量要求。

四、“货物相符”规则的适用

申请人和被申请人经过协商,就所订立的国际货物销售合同达成了合意,双方约定采用《公约》作为准据法。因此,《公约》可作为准据法适用于双方向伦敦国际仲裁院所提起的国际商事合同纠纷。所以,伦敦国际仲裁院审理此案是否构成违约的关键就在于对《公约》第 35 条“货物相符”规则的适用。

《公约》第 35 条“货物相符”规则从主观和客观两方面标准对于货物质量作出了规定:[①]一方面,第 35 条第 1 款通过规定“卖方交付货物必须与合同规定相符”这样的主观标准来判断货物质量是否合格;另一方面,第 35 条第 2 款通过将隐含的质量义务视为“默认规则”,只要买卖双方没有明确的协议排除隐含义务的适用,即可采取“累计”观点,[②]认定卖方所交付的货物应当满足“同一规格的货物通常使用目的、买方告知后的特殊使用目的、与样品相符且采用合格包装”的要求。因此,应当结合主观标准和客观标准共同来判断货物是否满足质量要求。

(一)主观标准:货物质量需满足合同要求

《公约》第 35 条第 1 款首先要求卖方所交付的货物需要满足合同要求,但随着国际商事交易的日益频繁,买卖双方更倾向于简化合同内容,在合同中并不会对货物的细节,特别是对所用材料等方面作出细致规定。为准确了解双方当事人订立合同时的意旨,《公约》第 8 条第 3 款要求裁判机构考虑所有的相关情况,包括谈判情形、惯例和当事人其后的任何行为等一切合理因素,来确定合同要求。此外,还需考虑买方针对货物所提出的怀疑,在特定情形下,当怀疑达到一定程度会对商品的可用性造成巨大影响时,即可认定货物质量不符合合同要求。

1. 交付的涡轮发电机应满足的合同要求

一方面,被申请人交付的涡轮发电机应满足抗腐蚀的要求,不易出现质量问题。由于独特的设计和所使用的材料,R-27V 型号涡轮发电机不仅发电效率比普通涡轮发电机高,而且具有更强的抗腐蚀和抗气蚀性,这样就可以延长针对涡轮发电机的检查和维护间隔。另一方面,针对涡轮发电机的维护应以耗时最少为目的。被申请人所提供的 R-27V 型号涡轮发电机是最新产品,申请人也正因此中标,同时被申请人在签订合同时知晓标书内容,而招标的要求是尽可能长的使用时间。涡轮发电机停摆将导致申请人支付给 G 国更多的违约金及遭受因工厂停工而带来的利润损失,对申请人的预期利益造成损害,所以针对涡轮发电机的维护应当减少耗时。

2. 申请人针对钢材质量的“怀疑”足以认定货物与合同不符

有学者认为:只有通过对货物进行物理检测得到质检报告,才能认定卖方所提供的货物是不

---

① 《联合国国际货物销售合同公约》第 35 条规定:(1)卖方交付的货物必须与合同所规定的数量、质量和规格相符,并须按照合同所规定的方式装箱或包装。(2)除双方当事人业已另有协议外,货物除非符合以下规定,否则即为与合同不符:(a)货物适用于同一规格货物通常使用的目的;(b)货物适用于订立合同时曾明示或默示地通知卖方的任何特定目的,除非情况表明买方并不依赖卖方的技能和判断力,或者这种依赖对他是不合理的;(c)货物的质量与卖方向买方提供的货物样品或样式相同;(d)货物按照同类货物通用的方式装箱或包装,如果没有此种通用方式,则按照足以保全和保护货物的方式装箱或包装。(3)如果买方在订立合同时知道或者不可能不知道货物不符合合同,卖方就无须按上一款(a)项至(d)项负有此种不符合同的责任。

② See Ingeborg Schwenzer, Yesim M. Atamer and Petar Butler: *Current Issues in the CISG and Arbitration*, published by Eleven International Publishing, p. 194, para. 1.

合格的,[①]但现在这种说法已不再是主流意见。在1960年,德国联邦最高法院就裁决,阿根廷兔肉仅因为存在被沙门氏菌污染的可能就足以使卖方承担责任。[②]2015年,比利时奥尔登堡高等地区法院裁决,已交付猪肉因涉嫌含有二噁英必须送去销毁。[③] 这两个案例都在国际上被普遍适用,其共同点是在实际损害发生之前,仅因为存在怀疑法院就裁定货物与合同要求不符。

怀疑主要影响货物的可使用性。为了确定这种可使用性的障碍是否会导致货物的不合格,主要考虑以下四方面要件:一是“基于具体事实”且存在“显而易见”的怀疑,才可认定为会影响买方的预期利益,妨碍买方的使用;[④]二是买方没有能力排除怀疑,即无法对货物进行检验;三是怀疑所针对的是双方在合同中所协商一致的货物应满足的功能要求,该功能要求若得不到满足将导致货物不适宜使用;四是卖方无法通过合理手段使买方消除怀疑。[⑤]

首先,关于“基于基本事实”且存在“显而易见”的怀疑。本案中,被申请人从被披露出检验报告造假的钢铁供应商那购买了80%的钢材用于制造涡轮发电机,根据政府监管部门的意见,有质量问题的钢材会对涡轮发电机的正常运行带来影响。且根据河源水电站的事故调查报告也可知,R－27V型号涡轮发电机的叶片因所用钢材的原因受到了严重腐蚀。由于被申请人交付给申请人的是同样型号的涡轮发电机,制造所使用的原材料大部分是可能存在问题的钢材,且发生在河源水电站的事故也证明了涡轮发电机可能存在的问题,满足高度盖然性的要求。存在的瑕疵将导致涡轮发电机的使用受到严重影响,由此满足第一个构成要件。

其次,关于申请人没有能力排除怀疑。申请人作为一个水电站制造厂商,并没有资质及能力对涡轮发电机进行全方位的检测以排除怀疑,由此满足第二个构成要件。

再次,关于怀疑针对的是合同规定的涡轮发电机应满足的抗腐蚀性的功能要求。在合同签订前,被申请人就已知晓申请人向G国提交标书的内容,并表示将配合完成标书的要求。由于涡轮叶片所用材料存在问题,涡轮发电机不能完全满足抗腐蚀的要求,可能导致针对涡轮发电机的检查和维护周期变短,导致所交付的涡轮发电机不适宜使用,由此满足第三个构成要件。

最后,关于被申请人无法使申请人消除怀疑。虽然被申请人可从河源水电站所用的涡轮发电机位于沿海地区更易受腐蚀等方面进行抗辩,但质检报告作假意味着被申请人从钢铁制造商购买的钢材可能存在质量问题,同时所交付的涡轮发电机已投入使用,无法进行即时检验,因此无法打消怀疑,由此满足第四个构成要件。

结合以上事实,被申请人所交付的R－27V型号涡轮发电机无法满足合同要求。特别是被申请人所交付的涡轮发电机是用于公共基础设施项目的,公众或政府最担心的便是基础设施存在长期关闭或被进一步破坏的可能。在此背景下,如果无法提供有关涡轮发电机质量的保证,任何可疑的缺陷都将阻碍涡轮发电机的正常使用,甚至损害公共利益,所以针对钢材质量的“怀疑”足

---

① See Barbara Grunewald,“Der Verdacht als Mangel” in Barabara Dauner－Lieb (ed),Festschrift für Horst Konzen zum siebzigsten Geburtstag (Mohr Siebeck 2006) pp. 131－134,para. 5.

② See German Supreme Court,16 April 1969,NJW 1969,1171－2.

③ See BGH,2 March 2005,CISG－online 999. Higher Regional Court (OLG) Oldenburg,18 June 2013,272－3 where feeding stuff was suspected to contain dioxin.

④ See Ingeborg Schwenzer and David Tebely:Suspicions,Mere Suspicions:Non－conformity of the Goods? Unif. L. Rev. ,Vol. 19,2014,p. 157,para. 2.

⑤ See BGH,16 April 1969,NJW 1969,1171,1171－2;OLG München,21 April 1994,NJW 1995,2566;LG Lübeck,23 September 1986,NJW－RR 1987,243;Rusch (n 20) 47.

以认定货物与合同不符。

（二）客观标准:货物须满足使用目的

本案中,买卖双方所签署的销售合同并没有明确排除《公约》第 35 条第 2 款的适用。因此,被申请人所交付的货物要受到第 35 条第 2 款的约束。

1. 交付的涡轮发电机不符合“通常使用目的”

任何情况下,货物合格与否直接取决于买卖双方各自的市场期望。买方最基本的期望是根据《公约》第 35 条第 2 款(a)项的规定,货物能满足“通常使用具有相同描述的货物的目的”。Schwenzer 教授将“通常使用目的”界定为“适合将来预期使用相同种类商品的目的”,[①]当货物所存在的缺陷阻碍其继续使用时,无论原因是物理特征还是非物理特征,货物都将无法满足“适合将来预期使用相同种类商品的目的”的要求。判断所交付的货物是否符合“通常使用目的”一般采取可转售性标准,这点也被我国最高人民法院认可,并通过颁布指导案例加以肯定。

可转售性标准不仅要求货物需满足可转售性标准,且转售价格“不得低于市场合理价格”。我国最高人民法院在德国蒂森克虏伯冶金产品有限责任公司与中化国际(新加坡)有限公司国际货物买卖合同纠纷上诉案中,认定德国蒂森克虏伯冶金产品有限责任公司所交付的标的物即石油焦仍具有使用价值,且能够通过积极努力将案涉石油焦予以转售,并未低于“市场合理价格”,说明德国蒂森克虏伯冶金产品有限责任公司所交付的石油焦符合“通常使用目的”。[②] 此外,德国联邦法院在冷冻猪肉案等案例中也采用了可转售性标准,认定由于食品安全是公众最关注的问题,无法提供健康证明书将阻碍猪肉的可转售性。[③] 因此,怀疑足以导致商品被认定为不合格。

本案中,被申请人交付的涡轮发电机不符合“通常使用目的”。基于创新的设计和所用材料,R－27V 型号涡轮发电机应当满足抗腐蚀性的要求,这保证了在 G 国水电站中所使用的涡轮发电机可以有较长的维护周期及较短的维护时间,进而满足 G 国的能源需求。但是现在由于可能存在的质量问题,被申请人交付的 R－27V 型号涡轮发电机无法满足要求,且这样的瑕疵直接导致其无法以“合理价格”进行转售,若要进行转售,必将耗费巨额费用对涡轮发电机进行彻底检查,一旦出现问题则需要替换重要部件即涡轮发电机的叶片,使转售成本大大增加,无法满足“不低于市场合理价格”的要求。因此,交付的涡轮发电机不符合“通常使用目的”。

2. 交付的涡轮发电机不符合“特殊使用目的”

《公约》第 35 条第 2 款(b)项要求卖方交付适合“特定使用目的”的货物。具体而言,买方对特殊隐含合规性义务的期望来自双方之间某些特殊类型的交互作用,即买方将货物的特定用途告知卖方,然后依靠卖方的技巧和判断去提供满足合同要求的货物,或由卖方向买方展示出售货物的样品。“特殊使用目的”需要满足以下条件:(1)已“明示或默示”告知;(2)买方合理依赖卖方技巧和判断。

本案中,一方面,申请人曾“明示”告知所交付的涡轮发电机需要满足 G 国的“特殊使用目的”,即通过水电站计划实现该地区的可持续发展,被申请人应当知晓标书内容。申请人就是因

---

① See Ingeborg Schwenzer, *Conformity of the Goods—Physical Features on the Wane?*, the 3rd Annual MAA Schlechtriem CISG conference, 14 April 2011, 1933－2007 (2012) p. 108.

② 参见德国蒂森克虏伯冶金产品有限责任公司与中化国际(新加坡)有限公司国际货物买卖合同纠纷上诉案,最高人民法院(2013)民四终字第 35 号,载《最高人民法院公报》2015 年第 8 期。

③ See BGH, 14 June 1972, NJW 1972, 1464.

为了解该款型号发电机的抗腐蚀性可以满足 G 国的需求才进行购买的,同时申请人也和被申请人强调了停机时间限制的重要性。另一方面,申请人合理依赖被申请人的技巧和判断。被申请人是涡轮发电机制造的行业领袖,拥有远超平均水平的涡轮制造技术,其在涡轮制造方面的专业知识更是远胜于申请人。同时,申请人对涡轮所用钢材是不了解的,因此只得相信被申请人的技巧和判断。

因此,出于涡轮发电机叶片可能存在的腐蚀,易导致水电站有提前停机的风险,被申请人难以满足申请人所告知的“特殊使用目的”,即难以保证水电站的平稳运行。

(三)不存在免责事由

本案中,申请人仅为水电站的建造厂商,对涡轮发电机的建造并没有与之相关的专业知识,且作为买方不需要对产品的技术细节了解得非常细致,仅需向卖方明确提出自己的要求并选择合适产品。因此申请人在合同订立之时,并不会对所订购的涡轮发电机可能存在的风险有所了解,更不会知晓在订立合同之后会出现欺诈事件,涡轮发电机会因为使用不合格钢材而存在易腐蚀的风险。所以卖方即被申请人不存在免责事由,不能免除因交付货物不合格而造成的违约责任。

综合上述分析可知,关于被申请人提供的 R-27V 型号涡轮发电机,一方面,申请人对钢材质量的怀疑致使货物不符合合同要求;另一方面,货物不符合“通常使用目的”和“特殊使用目的”,而难以满足《公约》第 35 条第 2 款规定的隐含的质量义务。因此,被申请人所交付的货物不满足《公约》第 35 条的质量要求。此外,由于被申请人不存在免责事由,需要承担合同违约责任。

五、涡轮发电机案对我国法院处理国际商事合同纠纷的启示

《公约》最重要的创新之一就是采用“货物相符”一词替代了各国国内法中“担保”、“条件”及“瑕疵”等词,从而扩展了《公约》的适用范围,但各国法院对“货物相符”的不同理解却导致了该规则的错误适用,[①]因此就需要对《公约》进行解释。学界对《公约》解释基本上形成共识,一般采取以下思路:(1)援引一般原则,运用类推方法,尽量在《公约》的体系内进行补缺解释;(2)抛开国内法旧有观念,借鉴国际惯例,在国际法律基础上解释《公约》;(3)运用外国法院判例进行辅助解释。[②] 为便于理解并运用,本文将以涡轮发电机案为例对上述规则进行系统阐述。

(一)援引一般原则并进行类推适用

根据最高人民法院《关于涉外民商事案件诉讼管辖若干问题的规定》第 3 条的规定,[③]我国法院对涉及合同纠纷的案件有管辖权,但是在适用法律时,由于法官对国际条约及国际惯例等较为陌生,常会通过劝说的方式,促使当事人选择中国法律,即据《涉外民事关系法律适用法》第 41 条的规定选择中国法律为准据法。[④] 进而采取《合同法》第 148 条所规定的瑕疵担保责任判断货物

---

① See Anna Veneziano, *Non Conformity of Goods in International Sales: A Survey of Current Case Law on CISG*, International Business Law Journal, 1997, p. 41.

② 参见刘瑛:《联合国国际货物销售合同公约解释问题研究》,法律出版社 2009 年版,第 23 页。

③ 《关于涉外民商事案件诉讼管辖若干问题的规定》第 3 条规定:“本规定适用于下列案件:(一)涉外合同和侵权纠纷案件;(二)信用证纠纷案件;(三)申请撤销、承认与强制执行国际仲裁裁决的案件;(四)审查有关涉外民商事仲裁条款效力的案件;(五)申请承认和强制执行外国法院民商事判决、裁定的案件。”

④ 《涉外民事关系法律适用法》第 41 条规定:当事人可以协议选择合同适用的法律。当事人没有选择的,适用履行义务最能体现该合同特征的一方当事人经常居所地法律或者其他与该合同有最密切联系的法律。

是否满足合同要求。[①] 但是该条款内容过于简略,不仅由于缺乏具体可操作的细节而导致说理不清,同时会使纠纷双方共同选择的《公约》难以得到适用,更会折损我国法院的公信力,使作出的判决不被当事人信服而导致上诉申请。比如,在挪威皇家极品水产公司与日照吉翔海洋食品有限公司等买卖小龙虾尾肉合同纠纷上诉案中,山东省高级人民法院仅因"挪威公司不能证明吉翔公司货物有质量问题,反过来证明挪威公司没有在合同约定期限提出索赔",判决"吉翔公司所供货物不存在质量问题"。[②] 在当下的全球化时代,这对我国法院司法权威是极大的损害,需要加以纠正。

在《公约》的适用中,地方标准、国家标准不应当成为首要的标准,这种带有浓厚国内色彩的标准不利于与国际接轨,更不利于公平保护买卖双方的合法利益,将严重降低《公约》适用结果的可预期性。[③]《公约》所包含的一般原则主要包括当事人意思自治原则、诚实信用原则、合理性原则、合同优先原则。援引一般原则以及类推适用的目的都是保证《公约》宗旨的实现,即尽可能增加《公约》的适用性,并保障各国裁判机构在针对《公约》适用时的统一及准确性。在关于原则的判决中,裁判机构将规范具体化,甚至某种程度上进行规范制定,所作出判决的影响远远超过当事人双方,这种规范化的原则对于商事交易有普遍的指导意义。

在涡轮发电机案中,由于缺乏具体且细致的规定,针对《公约》第 35 条第 1 款合同规定的理解需要遵从《公约》的一般原则"合理性原则"来进行解释。申请人针对钢材质量的怀疑致使所交付的涡轮发电机不符合合同要求的主要判断依据就是《公约》的合理性原则。由于涡轮发电机的涡轮叶片存在易腐蚀的风险,且被申请人无法排除怀疑,两台可能存在腐蚀风险的涡轮发电机无法保障 G 国的能源需求,更无法实现合同目的,明显不满足合理性原则的要求。

类推适用的基础是案件事实间的构成要件彼此相似,法院裁判时应围绕《公约》的一般原则对案件事实进行研判,对相似的案件作出较为相近的判决,以追求司法公正并保障当事人的可预期性。比如,最高人民法院在德国蒂森克虏伯冶金产品有限责任公司与中化国际(新加坡)有限公司国际货物买卖合同纠纷上诉案中,就借鉴了德国冷冻猪肉案等被国际社会普遍适用的案例中的可转售性标准。

(二)借鉴国际惯例

国际货物买卖是产生于不同国家当事人之间的交易,即《公约》第 1 条所规定的营业地位于不同国家的企业。然而,各国由于文化、技术以及产业发展等方面的差异,对《公约》第 35 条第 2 款(a)项规定的"通用使用目的"中的可转售性标准常常会有不同的理解,特别是在买卖双方所处国家的行业标准存在差异的情况下。比如,中美两国对畜禽屠宰检疫体系有不同的标准,就导致仅通过中国检疫标准的畜禽难以通过美国的检疫,而无法进入美国市场。[④]

现在判断"货物相符"规则中的可转售性主要有两种标准,一种标准是李巍教授提出的采取卖方所在地标准,因为"通常使用目的"是一种默示条件,即在合同没有进行明确规定时就应满足

① 《合同法》(已废止)第 148 条规定,因标的物质量不符合质量要求,致使不能实现合同目的的,买受人可以拒绝接受标的物或者解除合同。买受人拒绝接受标的物或者解除合同的,标的物毁损、灭失的风险由出卖人承担。

② 挪威皇家极品水产公司与日照吉翔海洋食品公司等买卖小龙虾尾肉合同纠纷案,(2004)鲁民四终字第 44 号。

③ 郭亦欣:《论〈联合国国际货物销售合同公约〉中卖方品质担保义务——基于案例的实证研究》,宁波大学 2015 年硕士学位论文,第 38 页。

④ 美国除动物传染病、寄生虫病外,同时把药物残留监测等纳入检疫,美国的检疫标准相对更高些。

的要求,就应当以卖方的合理预见能力为限,采取卖方所在地标准。[①] 另一种标准是采取买方所在地标准,因为买方如同《公约》第35条第2款规定的,是依赖于买方的技能和判断力才购买的,卖方理应知道并应满足买方向其提出的“特殊使用目的”,买方所在地标准属于“默示”提出的“特殊使用目的”,应予满足。在涡轮发电机案中,交付货物的技术特性属于应当满足合理要求,即申请人能够以“合理价格”进行转售,而这样的转售是以能在本国进行为标准的,即应该采取买方所在地的标准判断。我国也通过发表于《最高人民法院公报》的捷跑电子科技有限公司诉青岛海信进出口有限公司国际货物买卖合同纠纷案,对买方所在地标准进行了确认。该案中,买卖双方均未就货物的质量标准和要求作出明确规定,但依据进口国即买方国家的检测标准,卖方交付的电话机被认定不合格,我国法院据此认定卖方所交付的货物不合格。[②] 德国联邦最高法院在冷猪肉案中也作出了相近判决,并在国际社会上被普遍适用。综上所述,可认定适用买方所在地标准是合理的,而这里的买方所在地标准即为应当借鉴的国际惯例。

“合同可作出有效和无效两种解释时,应采用使合同有效的解释”,即“尽可能使合同有效”,这在国际经济法中也属于国际惯例,以鼓励交易。这在前海法院发布的典型案例——美国D公司诉深圳P公司国际货物买卖合同纠纷案中获得了肯定。前海法院认为“在平衡车已经交付的情况下,违约行为应当达到‘交付货物不可挽回的需要予以替代’的程度才能构成根本违约,卖方在不使买方遭受不合理的不便或延迟时,仍然可以自费采取补救措施。D公司交付的平衡车在能够及时补救的情况下,合同不应被宣告无效”。[③] 在中国服装股份有限公司诉司麦特羊毛公司国际货物买卖合同纠纷案中,上海市高级人民法院也认定“由于缺乏足够证据,不能证明系争货物不符合合同约定的质量要求”,以使合同尽可能有效。[④]

(三)适当进行辅助解释

施莱希特里姆在《〈联合国国际货物销售合同公约〉评释》中对《公约》第7条第1款的规定理解为:“任何不得不适用公约的人必须努力采用在国际层面上站得住的解决方法,采用在其他缔约国也可以考虑进去的解决办法。”[⑤]这就要求作为缔约国的我国在适用《公约》时必须考虑相关案例在其他国家的判决情况;具体而言,就是借鉴那些被普遍适用的判例。在大陆法系国家中,不得将判例作为裁判依据,但是可以将之作为说理依据,并可以很大程度上解决法院,特别是层级较低的法院适用《公约》时说理不清甚至缺乏说理的问题。通过援引被普遍适用即具有权威性的判例可以对《公约》第35条规定的“货物相符”规则的适用提供更为具体的指引,从而能够更准确地适用《公约》规定以保障当事人的合法利益。

在针对涡轮发电机案中,仲裁院适用了德国联邦最高法院裁决的阿根廷兔肉案和比利时奥尔登堡高等地区法院裁决的猪肉案,来说明针对货物的怀疑已经足以使货物无法满足合同所规定的质量要求,即无法满足使用目的;同时运用了我国最高人民法院裁决的蒂森克虏伯冶金产品

---

① 参见李巍:《联合国国际货物销售合同公约评释》,法律出版社2002年版,第136页。

② 《捷跑电子科技有限公司买卖合同纠纷案》,载《最高人民法院公报》2013年第11期。

③ 《美国D公司诉深圳P公司国际货物买卖合同纠纷案》,具体见北大法宝网:https://www.pkulaw.com/pfnl/a6bdb3332ec0adc442cbdceab611e3888e06a8ab6174863bbdfb.html? keyword=平衡车%20,2020年3月2日最后访问。

④ 《中国服装股份有限公司诉司麦特羊毛公司国际货物买卖合同纠纷案》,具体见北大法宝网:https://www.pkulaw.com/pfnl/a25051f3312b07f37254aa530eddc9fef8b9e31d9ba184ecbdfb.html? keyword=中国服装股份公司,2020年3月2日最后访问。

⑤ [德]彼得·施莱希特里姆:《〈联合国国际货物销售合同公约〉评释》,李慧妮编译,北京大学出版社2006年版,第46页。

有限责任公司与中化国际(新加坡)有限公司国际货物买卖合同纠纷上诉案及德国联邦法院裁决的劳动猪肉案,来说明可转售性标准不仅要求货物需要满足可再次销售的标准,且销售价格“不低于市场合理价格”。

六、结语

《公约》的制定和产生不仅对国际货物买卖产生了重大影响,同时也对各国立法的修改及完善产生了助推作用。在经济全球化和技术迅猛发展的当下,国际货物买卖的标的物也愈加复杂,存在难以预见和识别的瑕疵。通过分析诉至伦敦国际仲裁院的涡轮发电机案,以仲裁为视角,通过借鉴世界范围内被普遍适用的典型判例及一般规则,能够使我国裁判机构对《公约》中第35条“货物相符”规则理解更为透彻,特别是申请人针对货物的“怀疑”足以认定货物与合同不符应满足的四要件。本文结合该仲裁案件的分析结果,提出了我国适用《公约》时可在援引一般原则并进行类推适用等三个方面进行借鉴。以此更好地保障《公约》的统一适用及维护国际商事合同纠纷当事人的可预见性,助推我国法院审判实践与国际接轨。

Application of the Rules of “Conformity of Goods” in the United Nations Convention on Contracts for the International Sale of Goods
——Comments on the Turbine Case of the London International Court of Arbitration

By Gu Nanfei and Huang Chengjun

Abstract: The correct application of the rules of “conformity of goods” is the key to whether the international commercial contract constitutes a breach of contract. However, Chinese courts have a certain cognitive deviation regarding the application of the rules of “conformity of goods” in the United Nations Convention on Contracts for the International Sale of Goods (CISG). To solve this problem, taking the turbine arbitration case of the International Court of Arbitration in London as an example, a specific analysis of the application of the rules of “conformity of goods” in Article 35 of the Convention was made from both subjective and objective criteria. On this basis, suggestions are made from three aspects including invoking general principles and applying analogy, drawing on international practice, and appropriately providing supplementary explanations, to regulate the application of the rules of “conformity of goods”.

Key Words: CISG; rules of “conformity of goods”; turbine case

(责任编辑:江若诗)

从信息披露义务的视角看第三方资助仲裁制度之构建

——基于我国香港特别行政区、新加坡经验的比较研究

陈汉夫*

内容摘要　第三方资助(Third Party Funding,TPF)作为一种新兴的仲裁法律服务及投资模式,近年来受到理论界和实务界日益广泛的关注。第三方资助因其有利于国际商事仲裁的当事人减少高昂的仲裁成本,促进其维护自身的合法权益,而具有一定的现实必要性。然而,不可否认,第三方资助也给现行的仲裁制度带来了一系列法律挑战,包括"利益冲突""第三方对仲裁程序的控制"等。因此,国际社会普遍认为应当对这一行为进行适度的规制与监管。在本文中,笔者以比较法学的研究方法,比较了新加坡以及我国香港特别行政区对第三方资助的规制,尝试对我国内地未来第三方资助的规制方法提出建议。笔者认为,构建全面的信息披露制度是化解第三方资助行为法律挑战,促进第三方资助行为更好地实现其"接近正义"这一价值追求的核心与关键。

关键词　国际商事仲裁　第三方资助　利益冲突　信息披露

一、引言

近年来,仲裁实务界对国际商事仲裁中的第三方资助行为的认可度持续增长。伦敦大学玛丽女王学院(以下简称玛丽女王学院)2018 年发布的一份报告显示:当年在受调查的国际商事仲裁当事人中,97% 的受访者知晓国际仲裁中有第三方资助行为的存在,超过 50% 的受访者对第三方资助的看法是"正面的",而在 2015 年,只有 28% 的受访者对第三方资助持正面看法。[①] 可以说,第三方资助仲裁事业方兴未艾,然而,第三方资助给国际商事仲裁带来的诸如第三方资助者对仲裁程序的控制问题以及仲裁员与第三方资助者之间的利益冲突问题等法律挑战也日益得到国际商事仲裁理论界与实务界的关注。在承认第三方资助合法性的同时,如何对该行为进行适度监管,成为各大仲裁中心所在地司法管辖区有关当局及仲裁机构关注的重点。

为了顺应第三方资助的发展趋势,新加坡以及我国香港特别行政区(以下简称我国香港特区)在近年来均修改了其有关法律法规,在一定程度上承认了第三方资助在国际商事仲裁领域的合法性。2017 年 1 月,新加坡国会正式通过了《新加坡民法(修订)法案》,正式确立了第三方资

---

* 陈汉夫,西南政法大学法学学士,中国仲裁法学研究会青年仲裁人志愿团成员、天津市案例法学会会员,北京大成(天津)律师事务所执业律师。

① *The Queen Mary University of London* 2018 *International Arbitration Survey*: *The Evolution of International Arbitration*, http://www.arbitration.qmul.ac.uk/research/2018/, Nov 5, 2019.

助在国际商事仲裁中的合法性；同年，我国香港特区立法会也通过了《仲裁及调解（第三方资助）（修订）条例》（以下简称《仲裁条例》），正式在国际商事仲裁以及与其相关的诉讼领域废止了“禁止帮讼”的普通法原则，承认了第三方资助在这一领域内的合法地位。

新加坡和我国香港特区均以信息披露义务为核心构建了对第三方资助的规制制度，回应了第三方资助带来的在诸多核心领域的法律挑战，为我国内地今后对国际商事仲裁中第三方资助的规制提供了有益的参考。

二、第三方资助的内涵及演进

（一）国际商事仲裁中第三方资助的内涵

国际商事仲裁中的第三方资助，是指不属于案件一方当事人的第三方资助者承担仲裁一方当事人一部分或者全部的仲裁费用（包括但不限于律师费、仲裁员报酬、仲裁机构管理费用以及专家证人费用等一切仲裁中可能发生的费用），并根据仲裁结果取得一定仲裁裁决确定的赔偿数额并按一定比例分成的资本运作方式。具体而言，若被资助当事人的仲裁请求得到仲裁庭的支持，第三方资助者即可按照事先签订的资助协议获取一定份额的当事人所获仲裁庭支持的经济利益；反之，第三方资助者的投资宣告失败。

（二）第三方资助的历史演进

第三方资助行为古已有之。在国际商事仲裁领域，第三方资助之所以存在争议，是由于普通法中的禁止帮讼原则（doctrine of champerty）。禁止帮讼原则的全称是禁止“帮讼、维持和教唆诉讼”（champerty maintance and barratry），其中的“帮讼”是指与案件本身无关的案外人作为资助人，从其所资助的当事人取得的胜诉的结果中获利的行为。由此观之，第三方资助行为是一种典型的帮讼行为。

帮讼行为的渊源可以追溯到中世纪的英格兰，当时的贵族在其臣属和他人进行与土地有关的诉讼时会对其臣属进行资助，并要求作为受资助人的臣属一旦胜诉，该贵族可以成为土地的共有人，最终达到贵族扩展其领地的目的。由于帮讼行为被贵族大量用于对抗其敌人，该行为逐渐成为贵族压迫他人的工具。因此，在《英国大宪章》签订的60年后，英国通过第一部禁止帮讼的法律，禁止帮讼也逐渐成为一项普通法的基本原则，被多数实行普通法的司法管辖区沿用至今。“在‘禁止帮讼’原则下，约定第三方为原告提供资金并从原告诉讼的有利结果中分享部分利益、若结果不利则分文不取的融资合同应属无效。”①

禁止帮讼原则产生于英格兰中世纪新兴资产阶级与新贵族对抗旧贵族滥用诉讼的斗争中，在这一过程中，新兴阶级说服主政者反对旧贵族的帮讼行为，将帮讼视为一种富人压迫穷人的手段，在特定的社会经济大背景下无疑是合理的。然而随着社会经济条件的进一步变化，特别是进入20世纪后，人权观念逐渐深入人心，为有需要的当事人提供必要的诉讼帮助以使其获得实现正义的机会成为发达国家社会的普遍共识。在这样的背景下，禁止帮讼原则显得不再合时宜，英国也已经自1967年开始不再将帮讼行为视为犯罪或者民事侵权行为。

（三）作为投资的第三方资助

国际商事仲裁的有关费用，如律师费、仲裁员报酬、仲裁机构管理费用等极其高昂，如何保证

---

① 张光磊：《第三方诉讼融资：通往司法救济的商业化路径》，载《中国政法大学学报》2016年第3期。

在经济上难以支付仲裁费用的当事人能够付得起仲裁费用,也逐渐成为仲裁制度改革时的重要考量。正是基于此,第三方资助在国际商事仲裁领域获得了一定程度上的正当性。第三方资助为因资金困难而无法启动国际商事仲裁程序的当事人提供了"接近正义"的机会。

近年来,第三方资助已经作为一种商业现实,广泛地为国际商事仲裁的参与者所接受。其已经从单纯的帮讼行为转变为了投资工具,也逐渐成为相当一部分仲裁当事人进行资本运作的手段。第三方资助者的资助对象也早已超出了因资金原因而无力启动仲裁程序的申请人,"一些资金雄厚的跨国公司也将第三方资助作为公司融资和资金规划的一种模式,纳入其整体资金运营和投资规划考察范畴"。[①]

三、第三方资助给仲裁程序带来的法律挑战

(一)第三方对仲裁程序的控制问题

如前所述,国际商事仲裁中的第三方资助已经逐渐成为第三方资助者对外投资以获取收益的金融工具。因此,能否获得最大化的投资回报,是第三方资助者关注的最为重要的议题,至于被资助当事人是否能够真正"接近正义",不是第三方资助者关注的重点,一份对英国第三方资助市场进行的调研报告显示,一般而言,第三方资助者只有在合理确信申请资助的仲裁当事人的胜诉概率达到60%以上,才会考虑进行资助,一些第三方资助机构甚至只会对胜诉率达到70%的当事人进行资助。[②]

为了达到增加收益的目的,第三方资助者更倾向于将仲裁程序置于其自身的控制之下。第一,通过与第三方资助者订立资助协议,第三方资助者有权为被资助当事人指派代理律师,甚至绕过当事人自行制定仲裁策略。第二,第三方资助者对仲裁程序更为明显的控制,体现在其控制被资助当事人进行调解、达成和解的方面。第三方资助者在仲裁过程中所追求的目标与被资助当事人并不总是一致的:前者关注的首要指标是其投资收益是否最大化,而后者更注重的则是争端能否得到顺利、高效的解决。因而,相较于当事人,第三方资助者往往不倾向于通过调解的方式解决争端,因为在当事人有很高概率获得仲裁庭支持的情况下,调解金额往往低于仲裁裁决所裁定的金额,而这会造成资助者预期投资收益的减损。因此,在仲裁实践中,第三方资助者往往会通过协议的方式,限制被资助当事人进行和解、调解的权利。

(二)第三方资助与仲裁员的利益冲突

仲裁员作为国际商事仲裁程序的居中裁判者,其中立性与独立性是其公正审理案件并作出裁决的前提和重要保证。然而,第三方资助的出现给仲裁员的中立性与独立性造成了挑战。

国际律师协会(IBA)在其2014年发布的《国际商事仲裁利益冲突指南》(以下简称《IBA指南》)中首次明晰了仲裁员与第三方资助者之间的利益冲突情形。《IBA指南》以不可弃权红色清单、可弃权红色清单、橙色清单以及绿色清单四种类型列明了仲裁员可能会与第三方资助者产生利益冲突的情形。一般认为,仲裁员可能会因下列原因而与第三方资助者之间产生直接而明确的利益冲突,这些利益冲突是在任何情况下均应当避免的:(1)其本人与第三方资助者具有直接的利害关联(包括仲裁员系第三方资助者的雇员或高级管理者、法律顾问,仲裁员与第三方资助

① 章华平:《国际仲裁中的第三方资助:问题与规制》,载《中国政法大学学报》2018年第1期。

② 参见章华平:《国际仲裁中的第三方资助:问题与规制》,载《中国政法大学学报》2018年第1期。

者分享仲裁结果所产生的经济利益等);(2) 其所在的律师事务所与第三方资助者存在法律顾问关系,并从该等关系中获取经济利益。①

对于仲裁员存在利益冲突情形(包括但不限于其与第三方资助者之间的利益冲突)而影响其公正审理的,全球各司法管辖区的仲裁立法与各主要仲裁机构的仲裁规则均要求仲裁员履行事前披露责任,并主动或依申请回避。然而,在存在第三方资助的情形下,仲裁员履行信息披露义务的一个特别的困难在于,第三方资助者通常以资助协议的方式与被资助当事人订立资助协议,并且,资助协议通常订立有保密条款,一旦当事人或第三方资助者没有披露该等协议的有关信息,仲裁员或仲裁庭无法知晓该等协议的存在,进而造成仲裁员与第三方资助者之间存在潜在利益冲突而仲裁员自身不知情的情形——“第三方资助公司与受资助方之间的契约保密性阻碍了仲裁程序的其他参与人对仲裁员与第三方资助公司之间潜在利益冲突的认知”。②

四、对国际商事仲裁中第三方资助行为的规制——以当事人及第三方资助者信息披露制度的构建为核心

如前所述,第三方资助有利于国际商事仲裁的当事人“接近正义”,不会因资金不足的问题导致仲裁程序无法启动,同时,它也是当事人进行合理资金安排与筹划的得力工具,故第三方资助作为一种商业上的现实,已经得到国际商事仲裁当事人的广泛认可。然而,也应当承认,第三方资助的介入也会造成第三方资助者控制仲裁程序、引发利益冲突等可能引起仲裁不公正的情形。

笔者认为,第三方资助介入国际商事仲裁是必要的,相关各种法律问题是信息披露制度的不健全、不完善造成的。规制国际商事仲裁中的第三方资助,应当以信息披露制度的构建为核心。鉴于既有规范对于仲裁员的信息披露义务已经进行了一定程度上的规制,又鉴于造成仲裁员对潜在利益冲突没有如实履行披露义务的相当一部分原因在于被资助当事人或第三方资助者怠于履行信息披露义务,笔者认为,在构建第三方资助的信息披露制度时,应当重点构建被资助当事人以及第三方资助者的信息披露制度。

就信息披露制度的构建而言,我国香港特区及新加坡对被资助当事人的信息披露义务进行了较为全面的规制,同时,对第三方资助者的信息披露义务也进行了一定程度上的规制。这为我国今后构建以信息披露义务为核心的国际商事仲裁第三方资助行为规制制度提供了有益的参考。

(一)被资助当事人的信息披露义务

鉴于第三方资助行为在实质上是第三方资助者对仲裁案件一方当事人的资助与投资,因而在仲裁程序中,没有任何其他直接参与人比被资助当事人更了解资助协议的订立情况以及第三方资助者的基本情况。因此,笔者认为,对第三方资助行为进行规制的最有效途径,是确立被资助当事人的主动信息披露制度。构建这一制度,是“解决与第三方资助仲裁有关的所有问题的前提和基础”③,也是解决问题最有效的方法。被资助当事人主动信息披露制度的确立,有利于提高

① 参见《国际律师协会国际仲裁利益冲突指引(2014 版)》“第二部分:一般标准的实际适用”第 1.1 ~ 1.4 条,载国际律师协会网:https://www.ibanet.org› Document› Default.,2019 年 11 月 5 日最后访问。

② 周清华、程斌:《第三方资助下仲裁员潜在利益冲突披露的体系构建》,载《中国海商法研究》2018 年第 4 期。

③ 周艳云、周忠学:《第三方资助国际商事仲裁中受资方披露义务的规制——基于“一带一路”视阈》,载《广西社会科学》2018 年第 2 期。

国际商事仲裁程序的效率,并保障仲裁程序的完整性。

1.《IBA 指南》对当事人信息披露义务的要求

我国香港特区和新加坡通过修订法规以及制定仲裁规则等方式试图对被资助当事人的信息披露义务进行规制之前,国际律师协会已经在其 2014 年《IBA 指南》中对国际商事仲裁中当事人的信息披露义务作出了原则性规定。根据该指南一般标准第 7(a)条,一方当事人(或其所属集团的另一公司或对该当事人有控制影响力的个人)应当就下列事项对仲裁员、仲裁庭、其他当事人、仲裁机构或其他仲裁员指定机构履行信息披露义务:(1)该当事人与仲裁员之间的任何直接或间接关系,或者(2)仲裁员与跟仲裁裁决有直接经济利益,或者负有根据仲裁裁决补偿一方当事人义务的任何个人或实体之间的关系。在披露义务的履行时机上,该款要求当事人应尽早主动履行信息披露义务。①

应当注意到的是,《IBA 指南》对于当事人履行信息披露义务的要求在国际商事仲裁的实践中存在一定的不足,尤其是在存在第三方资助的情形下,这些不足尤为明显。

第一,在法律适用上,《IBA 指南》缺乏统一的适用性。《IBA 指南》的有关规定仅是建议性的,它是一种典型的软法(soft law),本身不具有强制适用的法律效力,也无法凌驾于当事人所选择适用的国内法或者仲裁规则的效力之上。若当事人在合同中的仲裁条款或独立的仲裁协议中没有约定争端解决可以适用《IBA 指南》,抑或在仲裁程序中,有当事人对于《IBA 指南》的适用明确提出异议,则仲裁庭无法适用《IBA 指南》的有关规定进行裁决。

第二,在细节上,《IBA 指南》显然缺乏指导性。在存在第三方资助的情况下,其对于被资助当事人是否应当强制披露其与第三方资助者之间的资助协议以及第三方资助者的基本信息没有作出明确要求。并且,《IBA 指南》对于当事人披露义务的履行时机上仅要求"尽早"披露,但没有给出"尽早"的具体内涵;另外,对当事人披露义务的范围同样没有明确界定。

第三,《IBA 指南》不是单独针对第三方资助而专门制定的规范。根据《IBA 指南》的逻辑,其要求当事人披露的信息是当事人所了解到的仲裁员与第三方资助者之间的"任何直接或间接关系",在存在第三方资助的情况下,这比仅要求当事人披露第三方资助是否存在的事实以及第三方资助者的主体信息要更为严格——在仲裁实践中,被资助当事人并不必然知晓仲裁员与第三方资助者之间的关系,而第三方资助者出于种种原因,也倾向于不公开其与仲裁员之间的关系,这在实践上会给被资助当事人信息披露义务的履行造成障碍。②

正是意识到了《IBA 指南》对被资助当事人信息披露义务规制的不足,我国香港特区以及新加坡最新修订的法例及仲裁规则等规范性文件从被资助当事人履行披露义务的时机、披露义务的范围等方面下手,对被资助当事人信息披露义务作出了相对全面的规制。

2. 对被资助当事人履行信息披露义务时机之规制

被资助当事人履行信息披露义务的时机对仲裁程序的影响重大。一般认为,在存在第三方资助的情况下,被资助当事人越早履行信息披露义务,越有利于仲裁员以及仲裁程序中的其他参与人获悉其自身与第三方资助者之间潜在的利益冲突,也越有利于仲裁程序的顺利推进;反之,

---

① 参见《国际律师协会国际仲裁利益冲突指引(2014 版)》第 7(a)条,载国际律师协会网:https://www.ibanet.org›Document›Default.,2019 年 11 月 5 日最后访问。

② 参见宋锡祥、吴瑶芬:《国际商事仲裁第三方资助利益冲突的合理规制及其借鉴意义》,载《海峡法学》2018 年第 2 期。

则会影响仲裁程序的顺利进行,甚至会不利于未被资助的一方当事人合法权益之维护。因此,在国际商事仲裁活动中,应当确保被资助当事人尽可能早地披露有关第三方资助的信息。针对被资助当事人信息披露义务的履行时机,我国香港特区以及新加坡均通过修订法规及仲裁规则等有关规范的形式作出了具体的规定。

(1)我国香港特区及新加坡有关法例概述

根据我国香港特区最新修订的《仲裁条例》,在存在第三方资助的情况下,被资助当事人应当以书面形式披露有关信息。在披露时机上,《仲裁条例》第98U条第2款明确要求:被资助当事人与第三方资助者订立资助协议的,若资助协议之订立是在仲裁程序启动时或之前完成的,则被资助当事人应当在仲裁程序启动时进行信息披露;若资助协议系在程序启动之后才订立,则被资助当事人应当在订立后的15日内完成信息披露。[①]

与我国香港特区直接要求被资助当事人直接履行信息披露义务不同,新加坡为了配合《新加坡民法(修订)法案》中的有关要求,关于被资助当事人信息披露义务履行的时机,新加坡主要在《新加坡法律执业法》以及《新加坡法律执业规则》中加以规制。根据《新加坡法律执业法》,在新加坡,国际商事仲裁中存在第三方资助的,其信息披露义务人为被资助当事人的代理人。根据《新加坡法律执业规则》的要求:在仲裁程序启动前,被资助当事人以及第三方资助者就已经达成资助协议的有关安排的,被资助当事人的代理人应当在仲裁程序启动之时立即履行其信息披露义务;与之相对的,若该等安排是在仲裁程序启动后才达成,则代理人应当"尽可能快"地完成其信息披露义务。[②]

(2)评述

相较于《IBA指南》对当事人信息披露义务的模糊要求,我国香港特区以及新加坡新修订的有关法规的有关规则毫无疑问地具有相当的进步意义。

第一,不同于《IBA指南》的"软法"属性,无论是《仲裁条例》还是《新加坡法律执业法》以及《新加坡法律执业规则》均为具有强制适用效力的规范性文件,是仲裁活动中有关的参与各方均应当遵守的,不会因当事人在仲裁协议或仲裁条款中的约定而被排除适用,亦不会因为在仲裁程序中有当事人提出异议而导致仲裁庭无法适用,并且对该等规定的违反,会导致违规的当事人承担不利的后果,也会给当事人的代理人造成职业道德上的危机。笔者认为,将信息披露制度作为一种强制的义务更有利于被资助当事人或其代理人履行其信息披露职责,从而更好地推进仲裁程序。

第二,《仲裁条例》以及《新加坡法律执业规则》均针对资助协议订立与仲裁程序启动之间先后顺序的不同对被资助当事人或其代理人信息披露义务之履行设定了不同的履行时机。这两个法规均认为:在资助协议的订立早于仲裁程序启动的情况下,应当以仲裁程序的启动作为时间点,由当事人或其代理人披露第三方资助的有关信息;若资助协议的订立晚于仲裁程序的启动,则披露义务人应当在资助协议订立后尽快履行信息披露义务。对于"尽快"的理解,《仲裁条例》将其进一步明确为资助协议订立后的15日内,而《新加坡法律执业规则》则没有具体天数的要

---

① 参见《仲裁条例》第98U条第2款,载电子版香港法例网:https://www.elegislation.gov.hk/hk/cap609?xpid=ID_1546569363537_001,2019年11月5日最后访问。

② 参见唐琼琼:《第三方资助纠纷解决规制模式的国际经验及思考》,载《上海财经大学学报(哲学社会科学版)》2018年第6期。

求。笔者认为,作出这样的区别显然比笼统地规定当事人或其代理人应当“尽早披露”有关信息要更为科学合理,符合设计当事人信息披露制度的本来意义。

然而,笔者认为,我国香港特区及新加坡新近修订的有关法规对于在资助协议订立晚于仲裁程序启动情况下被资助当事人(或其代理人)的信息披露义务的规制仍稍显不足。一方面,《新加坡法律执业规则》针对该种情况下代理人披露时“尽可能快”的内涵没有进行明确,其具体内涵仍待今后国际商事仲裁实践的发展才能逐步明确;另一方面,我国香港特区《仲裁条例》虽然明确了“15 日内”的期限要求,但是,该期限明显过长,这与“立即披露”的精神相悖,一定程度上背离了制定当事人信息披露制度的初衷,该等期限可能造成不可抗力及情势变更情形的出现,也不利于维护对方当事人的合法权益以及推进仲裁程序之进行。

3. 对被资助当事人信息披露义务范围之规制

在存在第三方资助的情况下,被资助当事人履行信息披露义务的范围是近年来国际商事仲裁实践中另一个极具争议的问题。争议的重点在于:被资助当事人应当全面披露包括资助协议文本在内的与第三方资助者相关的全部或绝大部分信息,抑或仅有限地披露资助协议存在的事实以及第三方资助者的基本信息。根据玛丽女王学院 2015 年发布的报告,相当一部分的国际商事仲裁工作者和当事人倾向于仅有限地披露资助协议存在的事实以及第三方资助者的基本信息。[①] 由此可见,实务界倾向于认为,被资助当事人的信息披露范围应当是有限而克制的。我国香港特区以及新加坡最新修订的有关法规遵循了国际商事仲裁实务界的主流观点,为被资助当事人的信息披露义务设定了有限而克制的履行范围。

(1)我国香港特区及新加坡有关法规概述

根据《仲裁条例》第 98U 条第 1 款的规定,在存在第三方资助的情况下,被资助当事人应当披露:①资助协议订立的事实;②第三方资助者的姓名或名称。[②] 与我国香港特区类似,《新加坡法律执业规则》也专门规定了被资助当事人(由其代理人代为披露)第三方资助履行披露义务的范围。该规则在第 48A 条及第 49B 条中要求,被资助人的代理人履行披露义务的范围仅限于资助协议存在的事实以及第三方资助者的基本信息。[③]

(2)评述

如前所述,我国香港特区以及新加坡顺应了国际商事仲裁实务界的主流观点,为被资助当事人的信息披露义务设定了有限而克制的履行范围——仅要求被资助当事人(或其代理人)针对资助协议存在的事实以及包括第三方资助者的姓名或名称在内的第三方资助者的基本信息加以披露。笔者认为,该等要求是合理的,因为对第三方资助行为进行信息披露的根本原因在于将仲裁程序中的利益冲突风险降至最低,从而维护仲裁的公正性。为达上述目的,单纯开示第三方资助者的身份即可使仲裁员以及其他仲裁参与人明了其与第三方资助者之间是否存在利益冲突,而无须开示整个资助协议文本,从而避免对被资助当事人与第三方资助者之间合同自由的侵害。

然而,也应当注意到,我国香港特区及新加坡修订的有关法规对于是否允许资助协议定有保

---

① 参见覃华平:《国际仲裁中的第三方资助:问题与规制》,载《中国政法大学学报》2018 年第 1 期。

② 参见《仲裁条例》第 98U 条第 1 款,载电子版香港法例网:https://www.elegislation.gov.hk/hk/cap609? xpid = ID_1546569363537_001,2019 年 11 月 5 日最后访问。

③ 参见唐琼琼:《第三方资助纠纷解决规制模式的国际经验及思考》,载《上海财经大学学报(哲学社会科学版)》2018 年第 6 期。

密条款，以及是否允许当事人援引资助协议中的保密条款对其信息披露义务之履行进行抗辩没有明确规制，这在一定程度上增加了被资助当事人披露有关信息的难度。在国际商事仲裁实务中，被资助当事人与第三方资助者之间订立的资助协议中往往订有保密条款，约定被资助当事人不得披露资助情况等信息，这无疑与要求被资助当事人披露第三方资助情况的规定是矛盾的。虽然在理论上，资助协议的保密性在任何意义上都不能凌驾于仲裁程序的公正性之上，但没有规定资助协议中的保密条款的效力，不得不说是一个遗憾。

（二）第三方资助者的信息披露义务

对第三方资助者信息披露义务规制的难点在于：是否应当将第三方资助者视为仲裁程序的一方当事人，进而要求第三方资助者承担当事人同等的信息披露义务。我国香港特区及新加坡的有关法规均认为：第三方资助者与当事人承担的信息披露义务应当加以区分，二者承担的信息披露义务在披露对象、披露范围等方面不应当相同。

1. 我国香港特区及新加坡有关法规概述

《仲裁条例》第98Q条（i）项的要求，第三方资助机构应当以提交周年报表的形式向咨询机构披露其在披露当期的报告期内收到的被资助当事人对其提出的任何投诉；以及法院或仲裁庭认定的其未遵从《仲裁条例》“实务守则”的情形。[①] 另据《仲裁条例》第98Q条（f）项，第三方资助者应当具备有效程序，供处理潜在、实际或视为存在的利益冲突。[②] 可以说，《仲裁条例》中没有明确要求第三方资助者履行等同于当事人的信息披露义务。新加坡的有关立法也没有要求第三方资助者与当事人履行相同或近似的信息披露义务。

2. 评述

我国香港特区与新加坡的有关立法不要求第三方资助者承担与被资助当事人相同或近似的信息披露义务是可以理解的——第三方资助者本身不是仲裁程序的当事人，其仅仅通过资助协议的方式间接参与仲裁程序，因而，基于仲裁的相对性，对于第三方资助者与被资助当事人的信息披露义务加以区分是可以理解的。然而，笔者认为，被资助当事人的信息披露义务与第三方资助者的信息披露义务，是第三方资助仲裁的信息披露制度构建的一体两面，在披露时间与披露范围上，应当要求第三方资助者承担与当事人相类似的信息披露义务。除此之外，在第三方资助者通过资助协议指派特定的律师代理被资助当事人案件的情况下，第三方资助者还应当披露与其存在合作或者投资等关系的律师事务所的信息，从而避免对方律师与第三方资助者之间的利益冲突。要求第三方资助者承担上述披露义务的原因是：

第一，第三方资助者在仲裁程序中不同于一般的无利害关系的第三方，虽然其与仲裁程序并无任何直接关联，但是仲裁裁决结果将直接影响其投资收益，因而，随着第三方资助者对仲裁程序的控制力逐渐增强，突破仲裁程序的相对性，承认第三方资助者属于仲裁程序的当事人成为国际商事仲裁界的一大趋势。例如，2014年《IBA指南》在其一般标准6（b）中强调：如果任何法人或自然人对仲裁一方当事人具有控制和影响力，或者与仲裁裁决有直接经济利益上的联系，或者根据仲裁裁决的要求负有补偿其他方当事人的责任，则虽然其不是仲裁程序中的一方当事人，也

① 参见《仲裁条例》第98Q条（i）项，载电子版香港法例网：https://www.elegislation.gov.hk/hk/cap609? xpid = ID_1546569363537_001.，2019年11月5日最后访问。

② 参见《仲裁条例》第98Q条（f）项，载电子版香港法例网：https://www.elegislation.gov.hk/hk/cap609? xpid = ID_1546569363537_001.，2019年11月5日最后访问。

应当应其视同于该方当事人。[①] 除此之外，在美国佛罗里达州上诉法院审理的 Abu - Ghazaleh v. Chaul 案中，该院认为，案外第三人对原告是否提起诉讼、能否进行和解等事宜具有最终决定权，在诉讼程序启动后，由案外第三人为原告选定代理律师，并从原告所获得的赔偿数额中抽成 18.33% 作为回报，这些都能说明，该案外第三人就是本案当事人。[②] 因此，从逻辑上看，将适用于仲裁程序当事人的法定信息披露义务参照适用于第三方资助者是理所当然的。并且，如前所述，由于第三方资助协议保密条款的存在，当事人一般怠于履行信息披露义务，此时，"仲裁员几乎无法判断第三方资金是否存在"，因此，以法律形式明确第三方资助者的信息披露义务，也有助于仲裁员自行判断其是否存在关联关系，从而避免利益冲突。[③]

第二，第三方资助者在仲裁程序中往往会为被资助当事人选定代理律师，而其选定的律师，往往又与第三方资助者具有合作关系，甚至是第三方资助者投资设立的律师事务所的律师。这就会造成律师之间潜在的利益冲突，如争端双方的律师系同一第三方资助者投资设立的不同律师事务所的律师等。在这种情况下，律师对案件的独立的职业判断可能会受到第三方资助者的影响，从而导致律师争取委托人利益最大化与第三方资助者争取投资收益最大化之间产生冲突，给律师职业造成伦理甚至是法律风险。而由于保密条款的存在，委托人并没有向律师披露有关资助信息的必要，此时，以法律形式赋予第三方法定披露义务无疑是必要的。

五、对我国建立第三方资助仲裁制度的立法建议

如前所述，第三方资助仲裁已经为大多数当事人所接受。在一定程度上，是否允许第三方资助仲裁已经成为国际商事仲裁当事人选择仲裁地点与仲裁机构的重要考量因素。然而，到目前为止，我国在立法层面对第三方资助仲裁的合法性仍未明确进行表态，我国内地的仲裁机构也未发布过针对第三方资助仲裁的有关仲裁规则或指引，这不利于我国国际商事争端解决中心的构建，尤其是在"一带一路"倡议逐步推进的大背景下，更不利于我国当事人高效便捷的解决其跨境商事争议。因此，我国内地应当汲取香港特区及新加坡的有关经验，并认真分析其不足，尽快构建以信息披露义务为核心的第三方资助信息披露制度。具体而言，笔者建议：

（一）在《仲裁法》中明确当事人的法定信息披露义务

我国在将来修订有关法律时，应当将当事人的信息披露义务明确为一种法定的强制性义务，这种披露的披露义务人可以是当事人本人，也可以是其代理人。如前所述，将当事人的信息披露作为一种强制的义务，更有利于被资助当事人或其代理人履行其信息披露职责，从而更好地推进仲裁程序。在披露时间上，笔者认为，应当依针对资助协议之订立与仲裁程序之启动之间先后顺序的不同设定不同的披露义务履行时机。尤其是在资助协议晚于仲裁程序启动才订立的情况下，应当要求披露义务人在 5 日内履行披露义务。披露范围上，应当是有限的，即披露资助协议是否存在的事实以及第三方基本信息。

（二）在《仲裁法》中明确第三方资助者的法定信息披露义务

笔者认为，由于第三方资助行为在其本质上具有天然的隐秘性，而在资助协议保密条款的约

---

① 参见《国际律师协会国际仲裁利益冲突指引（2014 版）》第 6（b）条，载国际律师协会网：https://www. ibanet. org› Document› Default. ,2019 年 11 月 5 日最后访问。

② 参见王超：《商事仲裁第三方资助的制度构建》，载《国际商务研究》2019 年第 4 期。

③ 丁汉韬：《论第三方出资下商事仲裁披露义务规则之完善》，载《武大国际法评论》2016 年第 2 期。

束下,当事人往往具有怠于履行披露义务的倾向,故在订立资助协议的情况下,有必要以法律形式明确,第三方资助者应当与被资助当事人一样向仲裁庭及对方当事人披露资助协议是否存在的事实以及其基本信息,第三方资助者还应当对其投资或者有合作关系的律师事务所的信息进行披露,以在更大范围内杜绝利益冲突的情形。

(三)仲裁机构应当制定具体明确的仲裁规则及资助协议范本

如前所述,仲裁机构的仲裁规则往往存在概括性和模糊性,第三方资助行为是否构成足以影响仲裁员独立性和公正性的情形,我国内地仲裁规则尚未明确,因此,中国国际经济贸易仲裁委员会或各仲裁机构有必要制定明确的仲裁规则,以确保在仲裁员知晓存在第三方资助的情况下,该等信息得到有效披露。

另外,由于第三方资助协议往往具有保密条款,我国内地仲裁机构应制定资助协议范本,明确资助协议中保密条款之有无及其效力。笔者认为,资助协议的保密条款不能凌驾于仲裁程序的公正性之上。资助协议范本应当明确:资助协议中的保密条款不得妨碍当事人向仲裁员及其他仲裁程序参与人披露第三方资助者的基本信息,否则,该保密条款不具法律效力。

On the Construction of Third Party Funding in the Perspective of Disclosure Obligation —A Comparative Research Based on Experiences of Hong Kong SAR of China and Singapore

By Chen Hanfu

Abstract: Third Party Funding (TPF), as an emerging legal service and investment model for arbitration, has received increasing attention in both theory and practice over recent years. It is practically necessary for the third party to provide financial aid to help reduce the high arbitration cost of the parties to international commercial arbitration and promote the parties to protect their own legitimate rights and interests. However, it is undeniable that the third party sponsorship has also brought a series of legal challenges to the current arbitration system, including "conflict of interest", "third party control of the arbitration process". Therefore, the international community generally believes that this behavior should be moderately regulated and supervised. In this paper, the author compares the regulations of third party funding in Singapore and in Hong Kong SAR of China, tries to give some suggestions on the future regulations of third party funding in China's mainland. The author thinks that building a comprehensive information disclosure system is the core and key to solve the legal challenge of the third party financing and to promote the value pursuit of "approaching justice".

Key Words: international commercial arbitration; third – party funding; conflicts of interest; disclosure of information

(责任编辑:郑梦婷)

司法与仲裁

资管计划、信托财产主体化与适格原告

——以债券纠纷为例的分析

曹明哲*

内容摘要　在我国金融业务实践中,相关实践与规范已经将资管计划、信托财产作为主体看待,但是民事法律、诉讼法以及信托法的构造上没有将信托财产视为主体,二者之间的矛盾反映在司法裁判中。一个典型的问题是,在因债券发行人不能兑付本息而产生的债券纠纷中,资管计划是否能够成为原告,资管计划的受益人是否是原告。在信托法理下,资管计划本质为信托财产,信托财产的主体化有其实践和理论基础。但是否赋予信托财产主体身份是一个立法政策和选择问题。在现行法框架下,司法裁判不宜将信托财产及资管计划作为原告。基于信托法原理,受益人无权直接向交易关系中的第三人主张权利(除非信托合同另有约定)。交易关系中的第三人亦无权向受益人主张权利。受托人作为适格当事人的权利源于其以自己的名义处理信托事务。

关键词　公司债券　信托财产　资管计划　商业信托

一、问题的提出

在金融市场中,证券公司、信托公司等具有资产管理职能的金融机构往往通过其发起设立的证券投资基金、资管计划等参与金融市场投资,一旦发生纠纷,涉及资管计划的纠纷往往产生权利主体和诉讼主体资格上的争议。例如,在股权认定和股东权利行使上,资管计划、证券投资基金持股的情形已经非常普遍,而这就诱发了争议,“宝万之争”即为著例。在媒体转载的《万科关于提请查处钜盛华及其控制的相关资管计划违法违规行为的报告》中,万科就提出,宝能系的九个资管计划不符合上市公司收购人条件的规定,“九个资管计划根据《基金公司特定客户资产管理业务试点办法》和《证券公司客户资产管理业务办法》分别设立,既不是法人,也不是自然人,不符合《公司法》关于股东的条件,无法在工商登记机关办理登记。因此,九个资管计划不符合《上市公司收购管理办法》中关于‘收购人’条件的规定”。

而在债券市场上,由于资管计划参与购入债券,一旦发生债券本息的兑付纠纷,债券发行人以原告不适格为由进行抗辩已经成为案件的常态。这是因为,在一些涉及债券本息兑付的纠纷中,登记结算机构的持有人信息往往显示某某资管计划为持有人,而向法院起诉的则是资管计划的管理人。由此,在不少案件中,发行人均对此提出抗辩,认为资管计划的管理人非适格原告,或

* 曹明哲,北京市第一中级人民法院民事审判第四庭法官助理。

认为资管计划管理人起诉需要征得委托人的同意，或认为资管计划的委托人才是适格原告，抑或认为资管计划的管理人没有起诉的权利。[①]

这样的争议使以下问题值得进一步探讨：第一，根据登记结算机构的信息，债券持有人资产管理计划，而非资管计划的管理人即金融机构。那么资管计划是否为真正的持有人，其是否才是案件真正的原告？应如何看待资管计划为债券持有人这一命题？第二，如果资管计划不能作为适格原告，那么资管计划管理人作为原告起诉的依据是什么？第三，作为资管计划的投资人均另有他人，那么管理人是否需要征得投资人的同意才能够起诉？是否需要资管计划的投资人、委托人作为原告起诉？

上述问题，一方面涉及信托法、民事诉讼法等基本民商事实体法与程序法，另一方面还涉及相关监管机关、金融行业协会、金融服务机构的相关规章和规定，需一一厘清，本文将对上述问题进行研究。

需要说明的是，本文所述的债券是广义的债券。我国债券品种大体上可以分为四类：由中国人民银行管理的各类金融债券，由银行间市场交易商协会自律管理的短期融资券、中期票据以及超短期融资券等非金融企业债务融资工具，由国家发改委管理的企业债券，以及由证监会管理的公司债券。尽管归属不同监管部门监管，但是本质上都属于还本付息的债券品种，[②]本文不进行特别区分。

二、涉资管计划交易的内外法律关系

（一）资管业务的信托法属性

依照《证券投资基金法》、原中国银行业监督管理委员会颁布的《集合资金信托计划管理办法》以及原中国保险监督管理委员会颁布的《保险资金间接投资基础设施项目管理办法》等相关法律法规的规定，[③]在债券市场中，进行债券投资的多为证券公司、基金公司、信托公司以及保险资产管理机构等金融机构，上述机构亦多通过其管理的资产管理计划即资管计划投资债券市场。在司法实践中涉及的公司债券类案件，已经很少见到由证券公司、资产管理公司直接购入债券，绝大部分案件均是通过资管计划购入的。

囿于信托业与其他金融业的分业经营监管体制，虽然上述资管计划的名称各不相同，如信托计划、证券投资基金、投资计划等，但本质上资产管理业务均是在信托法的框架与信义义务之下开展的，即“在法律上，资产管理业务本质上是一种信托法律关系。信托法不仅应适用于信托公司的资产管理业务，也应适用于银行、证券、保险等其他金融机构的资产管理业务”。[④]

2018 年 4 月 27 日由中国人民银行、中国银行保险监督管理委员会、中国证券监督管理委员

---

① 具有这些争议焦点的案件可参见山东省济南市中级人民法院（2016）鲁 01 民初 1160 号民事判决书；北京市高级人民法院（2018）京民终 296 号民事判决书；湖北省武汉市中级人民法院（2018）鄂 01 民初 5009 号民事判决书；山西省高级人民法院（2018）晋民初 508 号民事判决书等。

② 参见邢会强：《我国〈证券法〉上证券概念的扩大及其边界》，载《中国法学》2019 年第 1 期。

③ 如《证券投资基金法》第 72 条规定，“基金财产应当用于下列投资：（一）上市交易的股票、债券……”；《集合资金信托计划管理办法》第 26 条规定，信托公司可以运用债权、股权、物权及其他可行方式运用信托资金；《保险资金间接投资基础设施项目管理办法》第 10 条规定，投资计划可以采取债权、股权、物权及其他可行方式投资基础设施项目。

④ 王涌：《让资产管理行业回归大信托的格局》，载《清华金融评论》2018 年第 1 期。也有观点认为，相对于回归“大信托”的诉求，在资管行业推动“信义义务”的共识更关键，可参见刘燕：《大资管“上位法”之究问》，载《清华金融评论》2018 年第 4 期。

会（以下简称证监会）、国家外汇局共同发布的《关于规范金融机构资产管理业务的指导意见》对资产管理业务进行了统一规范。其指出，资产管理业务是指银行、信托、证券、基金、期货、保险资产管理机构、金融资产投资公司等金融机构接受投资者委托，对受托的投资者财产进行投资和管理的金融服务。金融机构为委托人利益履行诚实信用、勤勉尽责义务并收取相应的管理费用，委托人自担投资风险并获得收益。资产管理产品包括但不限于人民币或外币形式的银行非保本理财产品，资金信托，证券公司、证券公司子公司、基金管理公司、基金管理子公司、期货公司、期货公司子公司、保险资产管理机构、金融资产投资公司发行的资产管理产品等。《关于规范金融机构资产管理业务的指导意见》意在实现对资产管理业务的统一规范。

2019 年最高人民法院颁布《全国法院民商事审判工作会议纪要》，其第 88 条明确指出："根据《关于规范金融机构资产管理业务的指导意见》的规定，其他金融机构开展的资产管理业务构成信托关系的，当事人之间的纠纷适用信托法及其他有关规定处理。"该条实际上规定，在涉及资产管理的纠纷，在司法以及私法层面，应当适用信托法及其法理，承认了《信托法》作为资管业务的私法基础。

在此基础上，由于资产管理业务有信托法属性，在涉资管计划的案件中，资管计划的管理人除了与债券发行人之间构成基于债券购买而产生的债权债务关系外，还基于信托法律关系，同时为信托关系中的受托人。故所谓的信托计划、证券投资基金等资管计划实质即信托财产。"证券投资信托契约既为信托契约，则信托基金即信托财产，对其法律地位的解释即应回归信托法的规定。"①

（二）内外法律关系：信托关系与交易关系

涉及资管计划的交易实际涉及两个法律关系，即内部的"信托关系"和外部的"交易关系"。"信托关系是委托人、受托人和受益人作为信托关系当事人之间的关系。特别是受益人和受托人的关系，属于'信义关系'（fiduciary relationship），其中受托人对受益人承担信义义务，受信托法调整。而受托人在管理信托财产的过程中和第三人产生的各种关系，被实务界称为'交易关系'，这种关系只是受托人对第三人的普通债权关系或者投资关系等。"②

三、信托财产主体化的实践、理论与比较法基础

司法实践和交易实践中，登记结算机构的登记情况以及相关持有人信息往往显示，资管计划成了持股人、债券持有人。根据前述分析可知，资管计划的本质是信托财产，这实际上表明资管计划即信托财产是真正的权利人。那么，由此产生的疑问是，信托财产是真正的权利主体吗？事实上，从我国资管业务的交易实践和信托法的发展情况看，资管计划、信托财产的主体化的主张有其实践、理论和比较法基础。

（一）实践基础

第一，资管计划的独立名称。按照监管机关的相关的要求，资管计划事实上均有独立的名称，而这样的名称就是主体化的首要前提。如《证券投资基金法》第 52 条规定，公开募集基金的基金合同应当包括募集基金的目的和基金名称；《信托公司集合资金信托计划管理办法》第 12 条

① 赖源河、王志诚：《现代信托法》，中国政法大学出版社 2002 年版，第 17 页。

② 赵廉慧、朱庆育：《信托财产确定性和信托的效力——简评世欣荣和诉长安信托案》，载《交大法学》2018 年第 2 期。

规定，信托计划说明书应当包括信托计划的名称及主要内容；《保险资金间接投资基础设施项目管理办法》第13条规定，投资计划应当包括委托人与受托人签订的受托合同，合同至少应当包括投资计划名称。类似上述的规定存在于诸多金融业的相关规范中。因此，在我国资管业务的实践中，各个资管计划也即信托财产均有特定的名称，这样的名称为其作为独立主体存在于交易实践打下了基础。

第二，资管计划被视为合格投资者。在证监会颁布的《证券期货投资者适当性管理办法》中，资管计划被视为与金融机构相并列的“合格投资者”，其中第8条第2项规定，证券公司、期货公司、基金管理公司及其子公司、商业银行、保险公司、信托公司、财务公司等、经行业协会备案或者登记的证券公司子公司、期货公司子公司、私募基金管理人面向投资者发行的理财产品为合格投资者，包括但不限于证券公司资产管理产品、基金管理公司及其子公司产品、期货公司资产管理产品、银行理财产品、保险产品、信托产品、经行业协会备案的私募基金。第3项规定，社会保障基金、企业年金等养老基金，慈善基金等社会公益基金，合格境外机构投资者（QFII）、人民币合格境外机构投资者（RQFII）均为合格投资者。在证监会颁布的《公司债券发行与交易管理办法》第14条亦作出了相同的规定。

此外，在中国人民银行2016年第8号文中，资管计划被视为“非法人类合格投资者”，即“非法人类合格机构投资者是指金融机构等作为资产管理人，在依法合规的前提下，接受客户的委托或授权，按照与客户约定的投资计划和方式开展资产管理或投资业务所设立的各类投资产品，包括但不限于：证券投资基金、银行理财产品、信托计划等，保险产品，经基金业协会备案的私募投资基金，住房公积金，社会保障基金，企业年金，养老基金，慈善基金等，参照非法人类合格机构投资者管理。”上述规定将资管计划作为一种“主体”对待。

第三，资管计划在我国债券市场的登记结算的规则中亦拥有单独的账户。如上海清算所《债券登记托管、清算结算业务规则》规定，债券持有人通过债券账户持有债券，其中第6条规定，证券投资基金等非法人产品投资者应按监管部门规定单独开立债券账户；根据中登公司《特殊机构及产品证券账户业务指南》，持有人名称即为账户名称，名称命名规则为“信托公司全称—信托产品名称”“基金管理公司简称—托管人简称—产品名称”等。所以，这导致在实践中，依据债券登记结算机构的相关规则，登记机构出具的书面证据往往显示，债券持有人的名称就是资管计划的名称。

（二）理论基础

在理论上，传统理论认为信托财产就是权利客体，即“唯权利客体论”，但是立法、实务界与学界也开始正视信托财产实体化、主体化的现实需求和发展趋势，分别产生了“作为客体的实体化”“选择性主体化”“特殊类型的组织形态”“广泛地承认主体地位”等层次。[①]

我国理论界不少学者主张应将信托财产视为法律主体，认为“传统信托下，信托财产不具有独立的法律主体地位，受托人作为信托财产的所有权人，以自己的名义代表信托对外进行活动。以证券投资信托为代表的商事信托兴起后，频繁的对外投资运作以及内部关系的复杂化导致法律上逐渐接受了信托的独立化甚至主体化”。[②]“若需要与现行法律主体形式对接，则资管计划至

① 此方面的论述详见陈一新：《论信托财产的主体性》，载《交大法学》2019年第2期。
② 刘燕、楼建波：《企业并购中的资管计划——以SPV为中心的法律分析框架》，载《清华法学》2016年第6期。

少可属于非法人组织一类,与合伙或分公司属于同一序列。”①亦有学者提出借鉴美国法中的商业信托(Business Trust),通过修订我国《信托法》或制定《商业信托法》明确规定商业信托的法人资格,可在不突破现有民法理论体系、不对现行法制作较大范围改动的前提下,改变由各种规章零散规定个别类型商业信托的“碎片化”现象。②

同时,也有观点反对将信托财产作为主体对待,认为“信托不是人”,且不赋予信托财产主体资格,保留了将受托人的信用引入信托结构的可能性,即“我国信托法和日本信托法等的备用性规则都确立了这样的原则:没有约定或者适用限定责任信托的规定之时,作为原则,受托人是信托财产之债权人的债务人,要承担个人责任。受托人的固有财产可能被信托财产的债权人强制执行,这对信托财产的债权人是一个保障”。③

(三)比较法基础

比较法上,已有一些国家与地区采信托财产主体化的模式,主要有两种模式。

第一种模式是选择性主体化模式。即虽整体否认信托财产主体资格,但为破产、强制执行债务、登记等特定目的,临时赋予信托财产“权利主体”名义甚至只是独立名称;当特殊目的达成、消灭或与该特殊目的无关的情形下,信托财产又恢复至作为“物和权利”的财产集合状态。这种方式体现立法为降低成本、便利操作、易于识别的实用主义倾向。④ 典型如日本。《日本信托法》第74条规定,“受托人职责因第五十六条第一款第(一)项的事由终止时的,信托财产视为法人;前款规定情形下,法院认为必要时,可依利害关系人的申请发布法人信托财产管理令,由信托财产法人管理人管理信托事务”。⑤ 此外,意大利和瑞士在强制执行债务以及破产等特定目的上,单独授予信托以法人格。⑥ 在其他国家和地区,信托财产的主体化均没有大规模普及,只是偶尔在破产清算等场合将信托财产视为一种法律实体。⑦

第二种模式是主体化模式。在比较法上,目前信托财产主体化有代表性的例子是美国法中的商业信托,又称麻州信托(Massachusetts Trust),因源于美国麻州,也成为普通法信托(Commom – Law Trust),其本质是一种企业的经营组织,以信托形式成立,其目的是规避该州当时禁止以公司组织形态经营不动产业务的法律规定。虽然披着信托的外衣,但其本质上是一种企业组织机构。商业信托是一个为了就信托财产享有受益权的凭证持有人的利益,以契约成立的非公司的企业经营组织,其财产由受托人持有并管理。商业信托虽然没有公司之名但是有公司之实。美国的一些法院将商业信托完全视为公司,但是有的法院则认为,至少为了若干目的,商业信托不应被视为公司。在某些州的法典用语中,商业信托被视为公司,或者对其适用公司法,而美国国会在1938年制定法律时,也扩张《联邦贸易委员会法》对公司的定义,使商业信托包括在公司的定义范围内。⑧

---

① 刘燕、楼建波:《企业并购中的资管计划——以SPV为中心的法律分析框架》,载《清华法学》2016年第6期。

② 李宇:《论作为法人的商业信托》,载《法学》2016年第8期。相同观点的还可参见姜昭:《集合资金信托商事法律关系主体化研究》,载《法学论坛》2015年第2期。

③ 赵廉慧:《信托法解释论》,中国法制出版社2015年版,第216页。

④ 详见陈一新:《论信托财产的主体性》,载《交大法学》2019年第2期。

⑤ 译文参见何宝玉:《信托法原理研究》,中国法制出版社2015年版,第582页。

⑥ 赵廉慧:《信托法解释论》,中国法制出版社2015年版,第213页。

⑦ 参见谢哲胜:《信托法》,台北,元照出版有限公司2009年版,第235页。

⑧ 参见谢哲胜:《信托法》,台北,元照出版有限公司2009年版,第236~239页。

美国《信托法第三次重述》指出，越来越多的现代普通法和法典的概念与用语，模式化地承认信托是法律实体（legal entity），其构成分子是信托财产。信托法创制信托之效力，依信托财产独立性原则，信托财产虽然在受托人名下，但信托财产归属于信托之财产，而非属于委托人、受托人或受益人。1985 年《海牙关于信托的法律适用及其承认的公约》特别提到承认信托，至少意味着法律主体和独立的信托财产。法律主体的承认，表示受托人可以受托人地位起诉和应诉；独立信托财产的承认，表示信托财产独立于信托当事人的财产。而这两项要件，也是法律主体的必备条件。①

四、司法应对与立法政策

上述金融交易实践中这种资管计划的主体化现象，是否应延续至司法裁判？在债券交易纠纷中，司法裁判应否将资管计划认定为适格原告？本文认为，司法裁判中，资管计划暂时不能成为适格原告。

第一，资管计划成为适格原告并不符合现行法律的规定。《民法典》第 2 条规定，民法调整平等主体的自然人、法人和非法人组织之间的人身关系和财产关系。依此规定，现行民事主体只有自然人、法人和非法人组织，就目前而言，资管计划无法归入其中任何一类，“契约型资管计划不能归入其中任何一类，所以其不具有权利能力，不是私法主体”。② 中登公司以及上海清算所等登记结算机构的账户设置直接以资管计划的名称命名，除了便捷交易和资金使用、便于清晰监管和审查外，落实“信托财产独立性”也是其内在机理，但这种信托财产的独立性并不必然导致主体化，主体化仍然需要法律的承认。

第二，资管计划成为诉讼主体暂时无法适应现行司法运作体系。若资管计划作为原告起诉，则首先面临着立案登记的问题，由于资管计划无法在工商登记，自然无营业执照等相关材料，更无组织机构，无法通过立案审查；如此反倒对权利保护不利，使权利都空洞化。

第三，金融实践与司法过程二者的价值取向有所不同。金融实践更侧重于交易的便捷与效率，因此，给予资管计划一定的主体化身份，可直接对外进行交易。而司法过程更侧重责任归属和责任分担，与监管政策中的“穿透”监管原理相当。因此，在法律未将资管计划构造为法律主体之前，“应借鉴《证券投资基金法》中‘实质重于形式’的立法态度，在资产管理计划中，由于资金的所有人是资产管理公司，其自主决策资产计划的投资等事宜，故应由资产管理人来行使股东权利，而非机械地、僵硬地认准股东名册上的名字，使股东权利无法落到实处”。③

第四，区分价值判断与立法选择问题。应当承认，将信托财产视为主体无疑有助于起诉和应诉的便捷。但是还应注意的是，首先，信托作为一种灵活的组织结构，若完全将信托财产的组织化与公司法人同等对待，则信托的灵活性就被削弱，尤其是信托享受优惠的税收待遇，这不得不成为在立法中应该考虑的问题。“美国立法机关和许多州法院为了规范和课税的目的，倾向于将商业信托和公司等同看待，所以，商业信托的原有的优点，在某种程度上已经消失了。”④其次，目前信托财产主体化仍然未成为世界之潮流，即便承认其主体化，也只是基于特定目的而认可，况

① 李智仁、张大为：《信托法制案例研习》，台北，元照出版有限公司 2010 年版，第 28 页。

② 叶名怡：《结构化资管计划的私法规制——以“宝万之争”为例》，载《法学》2018 年第 3 期。

③ 梅慎实、郭禹辰：《钜盛华九大资管计划表决权归谁？》，载《董事会》2016 年第 8 期。

④ 参见谢哲胜：《信托法》，台北，元照出版有限公司 2009 年版，第 238 页。

且在美国亦未形成绝对主流。是否采纳信托财产主体化模式，本质上系立法选择问题，即便不采用此种模式，相关问题亦可在传统信托法理论框架下得以解决，不影响相关问题的价值判断结论。

综上所述，基于金融实践和理论的发展，资管计划、信托财产主体化并非空谈，是否赋予信托财产主体身份是一个立法政策问题，但是当前司法裁判暂不能将资管计划列为诉讼主体。事实上，前述争议的产生本质上是在我国金融业务实践中，已经将资管计划作为主体看待，但是民事法律、诉讼法以及信托法的构造上没有将信托财产视为主体，二者之间的矛盾反映在了司法裁判中。在司法实践中，为了解决这一问题，有裁判文书在原告部分中注明，受托人系代表某某资管计划，如上海东方证券资产管理有限公司（代表东证资管—浦发—东方红利增利1号限额特定集合资产管理计划），[①]此不失为一种处理方式。

五、受托人（管理人）原告资格的正当性

（一）交易关系的第三人与信托受益人的关系

前述分析解决了资管计划的性质问题，但是仍有疑问的是，在资管计划纠纷中，究竟何种主体才是真正的权利主体。在一些案件中，发行人认为资管计划的委托人（受益人）才具有原告资格。本文认为，此种主张不能成立。原因有以下两方面：

第一，按照信托法的基本原理，一般而言，“如果受托人对信托的管理和运作是恰当的，在管理行为持续过程中，受益人（也是自益信托中的委托人）并没有权利干涉，而只能等待信托利益的给付。但如果受托人对信托财产进行了不当的管理和运作，没有及时给付信托利益，受益人可以采取措施，强迫受托人适当管理、及时给付”。[②] 因此，对于其应享有的信托利益，受益人只能基于信托合同以及受托人负有的信义义务向受托人主张。

第二，基于合同的相对性，对于受托人与第三人之间的交易行为，受益人也无权干涉，更不能“越俎代庖”直接向第三人主张损害赔偿。依照我国《信托法》的规定，委托人、受益人对于受托人与第三人交易行为的干涉，可依照《信托法》第22条行使撤销权，即受托人违反信托目的处分信托财产或者因违背管理职责、处理信托事务不当致使信托财产受到损失的，委托人有权申请人民法院撤销该处分行为；同时，依据《信托法》第49条的规定，受益人也可享有该权利。

同样，若受托人因处理信托事务需对第三人承担责任，第三人亦无权直接要求委托人或者受益人承担责任，“由于信托财产名义上的权利人及出面处理信托事务者均为受托人，因此，因管理信托签订的契约和产生的侵权行为而发生的对第三人责任，承担人只能是受托人，受到损害的第三人无权请求委托人及受益人负责”。[③]

离开本文的语境，在其他涉及信托的纠纷中，这种内外法律关系区分的理念已经在司法实践中获得了承认与应用。如在“中建投信托有限责任公司与深圳天佶绿能投资控股有限公司、深圳市创建业房地产开发有限公司等合同纠纷案”中，法院指出，“委托人与受托人之间的信托法律关系，与受托人以自己名义管理处分信托财产时发生的投资、贷款、受让债权等法律关系，是相互区

---

① 天津市南开区人民法院（2016）津0104民初8573号民事判决书。

② 赵廉慧：《信托法解释论》，中国法制出版社2015年版，第405页。

③ 周小明：《信托制度：法理与实务》，中国法制出版社2012年版，第78页。

别的法律关系”。①

但是,值得注意的是,在实践中,也会出现如受托人不履行或不积极履行职责、不配合起诉应诉的情况。例如,在通道业务中,受托人不负有主动管理的职责,此时作为信托财产的委托人或者受益人也会想办法自行起诉或者应诉,这是信托法理的例外。在实践中各方当事人一般通过合同约定的方式解决。如在“甘孜州农村信用联社股份有限公司与四川科亨矿业(集团)有限公司等合同纠纷案”中,委托人与受托人约定,“若出现任何付款义务人未能按照相关约定及时向定向资产管理业务对应的账户付款等致使委托资产无法收回本金或遭受损失的情形,由委托人自行负责通过协商、仲裁、诉讼等方式予以解决,费用由委托人承担,管理人不承担任何责任。如所投资信托计划在本合同终止时无法变现,委托人承诺同意接受以该信托计划现状形式向委托人分配,委托人承担原状返还相关费用(包括信托向管理人及管理人向委托人进行的原状返还),并解除管理人的全部责任。”②总之,此种例外模式必须通过合同约定的方式实现。

(二)受托人享有实体权利

如前所述,在涉及资管计划的纠纷中,资管计划的管理人也就是信托财产的受托人应为适格原告。依照我国《信托法》第 2 条的规定,信托是指委托人基于对受托人的信任,将其财产权委托给受托人,由受托人按照委托人的意愿以自己的名义,为受益人的利益或者特定目的,进行管理和处分行为。依此规定,“因处理信托事务,受托人与第三人发生纠纷和责任,也以受托人自己名义处理和承担。无论如何,受托人因处理信托事务涉及第三人的权利义务和责任,均归属于受托人,该第三人不与委托人和受益人发生直接的法律关系”。③

故受托人以自己的名义起诉当属受托人的基本权利,亦属受托人的义务。《证券投资基金法》第 19 条规定,基金管理人的职责包括以基金管理人的名义代表基金份额持有人利益行使诉讼权利或实施其他法律行为。前述《关于规范金融机构资产管理业务的指导意见》第 8 条第 9 项也规定,金融机构应当履行的管理人职责包括金融机构以管理人名义,代表投资者利益行使诉讼权利或者实施其他法律行为。这些法律、部门规章的相关规定都是信托法理的体现。

在其他信托纠纷中,信托财产的受托人起诉亦无疑义,如在“华融国际信托有限责任公司与王某展、金厦建设集团有限公司金融借款合同纠纷案”中,法院即指出,“华融信托公司为受托人,接受中邦源宝公司的委托而对信托财产负有管理和处分的职责。中邦源宝公司为本案信托法律关系中的委托人和受益人。华融信托公司有权管理信托财产和处理信托事务,是本案适格的原告”。④

故在司法实践的债券纠纷中,尽管登记结算机构的信息显示资管计划为持有人,但是资管计划的管理人以自己的名义起诉是没有任何问题的,符合《民事诉讼法》第 119 条的“原告是有本案有直接利害关系的公民、法人和其他组织”。

---

① 浙江省高级人民法院(2015)浙商初字第 15 号民事判决书。
② 最高人民法院(2017)最高法民终 880 号民事判决书。
③ 周小明:《信托制度:法理与实务》,中国法制出版社 2012 年版,第 171 页。
④ 北京市第四中级人民法院(2016)京 04 民初 115 号民事判决书。

六、管理人为适格原告的附带效应

在确定了资管计划的管理人为债券纠纷的适格原告后，许多与之相关的诉讼问题也一并得到解决。

第一，资管计划购入发行人发行的多只债券，多只债券均发生违约，在实践中，有资管计划的管理人起诉发行人，在一个诉讼中要求发行人偿付多只债券的本息。如在“山东山水水泥集团有限公司与中融基金管理有限公司合同纠纷案”中，原告是将其资管计划持有的“15 山水 SCP001”“15 山水 SCP002”一并起诉。[①] 由此产生的疑问是，资管计划持有同一发行人发行的不同债券，是否能够一并起诉。

本文认为，如前所述，资管计划并非适格原告，资管计划的管理人才是适格原告。因而，实际上是资管计划的管理人持有被告发行人发行的不同债券。对于此时是否能一并起诉，属于诉讼法中诉的客观合并问题。学界对此问题存在共识，即“原告可以在作为同一案件和分别起诉之间进行选择。原则上，法院对于原告的这些选择应当予以尊重”。[②]

第二，在资管计划购入债券时，也产生了案件管辖的争议。如在“永泰能源股份有限公司与平安养老保险股份有限公司等债券交易纠纷案”中，发行人即指出：“平安养老保险并不是债券持有人，不应以其住所地为接收货币一方所在地……债券持有人，即有权接收货币的是‘招商银行江苏省电力公司（国网）企业年金计划平安养老组合’等，平安养老保险系资管计划的管理人或投资顾问，其住所地并非接收货币一方所在地。因此，平安养老保险并非债券持有人，原审裁定以平安养老保险住所地为接收货币一方所在地，进而属于合同履行地系事实认定及法律适用错误”。[③]

本文认为，在债券交易中，资管计划显示为债券持有人时，由于资管计划并非法律主体，资管计划的管理人是适格原告，故其作为原告，其所在地当然属于“接收货币一方所在地”。

七、结语

行文至此，便可以对前文提出的相关问题作出相应的回答：第一，资管计划作为持股人、债券持有人在金融交易实践中广泛存在，有理论和实践基础，这本质上是“信托财产主体化”的一种体现。第二，资管计划中的委托人（受益人）与受托人之间是信托法律关系，资管计划受托人作为原告起诉源于信托法律关系中受托人以自己的名义对财产的管理和事务的处理，代表委托人（受益人）起诉既是受托人的权利，也是受托人的义务。第三，基于信托法理，除非另有约定，否则委托人（受益人）一般不能直接向交易关系中的第三人主张权利和义务，因此，受托人起诉一般无须获得委托人（受益人）的授权与同意。

实际上，本文问题的缘起在于在我国金融业务实践中，信托财产的主体化已经颇具雏形，但是民事法律、诉讼法以及信托法的构造上没有将信托财产视为主体，二者之间的矛盾反映在了司法裁判中，而这实际上也是一个诉讼与非诉的连接和在统一的法秩序下的解释问题。

---

① 最高人民法院(2017)最高法民终 149 号民事判决书。

② 王亚新、陈杭平、刘君博：《中国民事诉讼法重点讲义》，高等教育出版社 2017 年版，第 12 页。

③ 最高人民法院(2019)最高法民辖终 335 号民事裁定书。

本文的分析只建立在基础信托关系之上,但是无论如何,把握信托中基础法律关系以及其中的权利义务,能够有助于在复杂的交易结构中抽丝剥茧,如同样是在债券兑付纠纷中的债券受托管理人诉讼资格问题,亦可借助信托关系分析与破解。①

Asset Management Plans, Trust Property and Qualified Plaintiff
—Analysis based on Examples of Bond Disputes

By Cao Mingzhe

Abstract: In the practice of financial business in China, asset management plan and trust property have been regarded as subjects in relevant practices and regulations. However, trust property is not regarded as subjects in civil law, procedural law and trust law. The contradiction between them is reflected in judicial judgment. A typical embodiment is whether the asset management plan can become the plaintiff and whether the beneficiary of the asset management plan is the plaintiff in the bond dispute caused by the bond issuer's failure of redemption of principal and interest. Under the trust law, the essence of asset management plan is trust property, and the subjectivization of trust property has a certain practical and theoretical basis. However, it is a question of legislative policy and choice whether to give the subject status of trust property or not. Under the current legal framework, it is not suitable for judicial decisions to regard the trust property and asset management plan as the plaintiff. Based on the principle of trust law, the beneficiary has no right to claim the right directly to the third party in the transaction relationship (unless otherwise agreed in the trust contract). The third party in the transaction relationship also has no right to claim rights from the beneficiary. The trustee's right as a qualified party comes from his dealing with trust affairs in his own name.

Key Words: bond; trust property; asset management plans; business trust

(责任编辑:何　倩)

① 对此可详见曹明哲:《债券违约纠纷中适格原告的判定》,载《债券》2020 年第 2 期。

我国《民法典》对保理合同纠纷的仲裁审理影响

于　群　张　平*

内容摘要　当前我国保理业务市场的发展仍然处于起步发展的阶段,裁判者在审理保理合同纠纷时容易在理解特定法律关系和适用特定法律条款上产生新的困惑与分歧。《中华人民共和国民法典》出台以后,保理合同纠纷仲裁审理的思路和方式将产生重大变革,为助统一仲裁尺度、维护交易安全和保护各方当事人的合法权益,本文就仲裁审理过程中涉及的保理合同成立与生效、法律关系的识别、多重保理关系的处理等方面进行阐述与研究。

关键词　民法典　保理合同　应收账款　合同效力　多重保理

一、问题的引入

保理合同,一般是指约定债权人将其享有的特定应收账款①的权利转让给保理人,并由保理人为债权人提供资金融通、债权管理、资信评估及坏账担保等金融服务内容的合同。作为金融创新工具,保理业务可根据不同标准进行多样类别划分:(1)根据保理人是否将债权转让的内容通知给债务人,可分为明保理和暗保理;②(2)根据保理人能否要求债权人在特定情形下④回购应收账款的债权,可分为有追索权的保理与无追索权的保理;(3)根据保理人主体经营资质的不同,可分为银行保理与商业保理;(4)根据保理申请人具体身份的不同,又可分为正向保理与反向保理。③

保理业务作为专业性极强的新生金融创新工具,对于盘活企业资金、优化应收账款管理等方面具有相对灵活便捷的优势,为解决企业发展困局具有重大意义。考虑到保理合同本身具有的特殊性质,《中华人民共和国合同法》(以下简称《合同法》,已废止)等关于普通商事合同的一般原则性规定已经不能满足保理合同纠纷仲裁审理的需要。2020 年 5 月 28 日全国人大通过的《中华人民共和国民法典》(以下简称《民法典》)已经对保理合同的性质和内容等进行了专门规定,将对未来仲裁审理此类案件的思路和方式产生直接指引作用。笔者认为,考虑到现行保理业务的法律监管相对空白,在《民法典》已经通过但仍未正式施行期间,保理合同纠纷类案件的审理亦不妨参照《民法典》已经确定的立法精神,结合个案具体实际进行仲裁审理,这对于未来统一裁判尺度、维护交易安全、保护各方当事人的合法权益均具有关键意义。本文将根据《民法典》的最新

* 于群,法学博士,华南师范大学法学院教授;张平,法学硕士,广东省江门市中级人民法院法官助理。

① 此处的应收账款,既可以是已经到期的应收账款,也可以是尚未到期的应收账款。该应收账款是债权人向特定的购货商(债务人)提供商品服务而取得的货款支付请求权,此时债权人与债务人之间形成的合同称为"基础合同"。

② 也称为非隐蔽型保理与隐蔽型保理。

③ 正向保理,是指由基础合同中的卖方(债权人)申请的保理,反向保理则是买方(债务人)申请的保理。

立法精神，结合保理合同纠纷现实裁判中频现的审理难点，就保理合同的成立及效力、法律关系的识别以及多重保理关系情形涉及的仲裁审理重要问题展开讨论。

二、保理合同的成立及效力

关于保理合同的内涵定义，国际上以及我国国内不同效力层级的规范性法律文件已经有过相关描述。根据国际统一私法协会1988年订立的《国际保付代理公约》规定，“保理合同”系指在一方当事人（供应商）与另一方当事人（保理商）之间所订立的合同，供应商可以或将要向保理商转让由供应商与其客户（债务人）订立的货物销售合同所产生的应收账款，[①]保理商同时应至少履行两项下述职能：为供应商融通资金、管理与应收账款有关的账户、代收应收账款、对债务人的拖欠提供坏账担保。而在《民法典》出台以前，我国关于保理业务的监管或规范依据主要是原中国银行业监督管理委员会于2014年颁布的《商业银行保理业务管理暂行办法》以及中国银行业协会于2016年印发的《中国银行业保理业务规范》，两者关于保理合同的定义可概括为以债权人转让其应收账款为前提，集应收账款催收、管理、坏账担保及融资于一体的综合性金融服务的合同。《民法典》出台以后，我国首次以法律对保理合同的含义作出了明确规定。[②] 从内容上分析，前述公约关于保理合同的定义，与原中国银行业监督管理委员会、中国银行业协会颁布的规范性文件基本一致，均强调了保理合同以应收账款的转移作为前提条件。但合同当事人约定履行的合同内容至少应当包括上述一项或多项业务，同时必须发生应收账款的转移，这略有异于《国际保付代理公约》中要求保理人同时提供两项或以上业务的规定。结合《民法典》对各部旧法的修订实际，为更好地解决保理合同纠纷，仲裁员在仲裁审理过程中应对保理合同主体的身份、涉案应收账款的转让、保理合同与基础合同的关系等方面进行准确把握。

在主体身份的认定方面，保理业务的开展要求保理人具备一定的业务经营资质，即在保理合同纠纷仲裁案件中，涉案合同缔约的一方必定为依法设立且经过主管部门批准开展保理业务的商业银行、商业保理公司或其他金融机构。否则，双方签订的合同将失去作为保理合同的合法性基础。如在利益驱动和薄弱监管的双重诱因下，可能出现商事企业逾越已经核准的经营范围擅自开展保理业务，此时则不宜再将其作为普通的保理合同法律关系进行仲裁审理，而应从借贷合同关系是否成立的方面进行考虑。

在应收账款的范围界定方面，本次《民法典》其实并未对应收账款所涵盖的具体范围进行界定，笔者认为可以结合原中国银行业监督管理委员会发布的《商业银行保理业务管理暂行办法》第8条及中国人民银行发布的《应收账款质押登记办法》第2条的规定，将应收账款的范围限定为“基础交易合同已生效但债权人尚未履行完毕其义务时的预期应收账款”，并着重对应收账款的特定性、可转让性以及未来性进行关注。关于特定性，应收账款应当是相对确定的、已经特定化的金钱债权，若基础合同已经签订，但合同义务尚未履行完毕导致应收账款可能发生重大波动或难以确定的，则应视为未达到特定化的标准，否则在债权不确定的情况下，该债权将丧失合理可期待性，不利于市场交易的稳定与安全。关于可转让性，应收账款必须是可转让的，否则从根

---

① 但主要供债务人个人、家人或家庭使用的货物销售所产生的应收账款除外。

② 《民法典》第761条规定：“保理合同是应收账款债权人将现有的或者将有的应收账款转让给保理人，保理人提供资金融通、应收账款管理或者催收、应收账款债务人付款担保等服务的合同。”

本上不能构成后续的保理法律关系。在《民法典》施行之前,若基础合同已经明确约定债权不可转让,则在仲裁审理中一般不应支持保理合同法律关系的成立。而根据《民法典》第 545 条第 2 款的规定,即便基础合同中已经约定前述条款,亦不影响作为第三人的保理人与债权方就涉案债权订立保理合同的效力。关于未来性,《民法典》第 761 条已经为未来应收账款作为可转让债权扫清了障碍,但在实践中可能会出现保理合同先于基础合同设立的情况,在此情况下的保理合同的效力仍有可能得到司法实践支持,但并不能因此认为涉案应收账款在当时即具备了未来性,而只是因为当事人在履行完毕基础合同以后,才对保理合同的关系进行了追认。

在应收账款的真实性方面,《民法典》第 763 条规定:“应收账款债权人与债务人虚构应收账款作为转让标的,与保理人订立保理合同的,应收账款债务人不得以应收账款不存在为由对抗保理人,但是保理人明知虚构的除外。”一般情况下,虚构应收账款行为会对保理业务的市场秩序造成扰乱,造成保理人合法权益的损害,但这并不意味着虚构应收账款即会导致保理合同的当然无效。根据合同的相对性,虚构应收账款影响的是基础合同的真实性,而非保理合同的有效性。实践中亦有保理人出于各种原因的考虑,对基础交易合同真实性的审查流于形式。对于前述条款规定的“明知虚构”标准,可从保理合同订立时保理人是否有理由相信应收账款债权真实、合法及有效的方面进行认定,如保理人有无履行对关键的合同材料和交易内容进行必要谨慎的审查义务。只有在保理人认真、完整地履行了前述义务后,仍未发现基础交易合同在真实性上的纰漏时,方得认定其为善意,否则应视为前述条款的“明知虚构”之情形。

在应收账款的转让方面,根据《民法典》第 761 条的规定,保理合同法律关系的成立应当以特定应收账款的转让为前提。该规定的意义在于引导裁判者注意甄别和谨慎把握保理关系与借款关系、债权转让关系等法律关系的区别。法律关系的不同定性将直接导致适用法律的差异,最终影响仲裁结果的实体走向:若不进行应收账款的转让,而是为了融通资金签订合同,则按照“名为保理,实为借贷”的借款法律关系进行审理;若仅进行了应收账款转让,但却不同时提供应收账款管理、资金融通等业务,则更宜作为一般的债权转让纠纷案件予以处理。同时,在保理合同法律关系的应收账款转让方面,作为债权转让的一种特殊情况,其转让通知的履行主体不同于一般的债权转让①。根据《民法典》第 764 条的规定,应收账款的转让通知由作为债权受让方的保理人向债务人发出,并应当附有必要凭证。需要明确的是,前述通知是应收账款转让这一行为对债务人的生效要件,而非保理合同的生效要件,且该规定仅适用于明保理。而在实践中往往还会出现暗保理,即保理人和债权人在办理应收账款后不向债务人发出通知,保理人依旧可以按照已经生效的保理合同向债权人主张应收账款的相关权利。那么,在暗保理的情况下,保理人是否仍需要对债务人负有一定的通知义务?是否需要根据《民法典》第 764 条的规定,对未履行通知行为的暗保理合同之效力予以否定?考虑到暗保理有其存在的现实土壤,②出于便捷与效率的考虑,商业银行传统保理业务易倾向于采用此类保理方式。为更好指引仲裁审判实践、解决保理商事纠纷,未来的立法和司法解释工作对此有进一步明确和规范的必要。

关于保理合同的效力认定,保理合同作为平等民事主体之间为开展经济活动而签订的商业

① 在一般的债权转让行为中,应由原债权人向债务人发出转让通知。

② 在商事交易中,由于我国的保理业务市场仍然处于相对初始的发展阶段,市场主体对于通过明保理获取融资的供应商往往会对其企业财务健康度上产生误解,继而失去双方交易与合作的机会。而通过暗保理的方式,则可避免前述情况的发生。

合同，亦遵循一般合同的效力存废判断逻辑。在保理合同纠纷的仲裁过程中，可能会有债权人以基础交易实际未履行为由，对保理合同的效力提出质疑，认为基础交易既然不存在，则保理合同已经丧失相应的成立基础。可以明确的是，在审理合同纠纷类案件时，涉诉合同是否有效将直接影响整个案件的仲裁走向，因此涉诉合同效力的认定也是保理合同纠纷仲裁案件审理中不可回避的关键问题。笔者认为，此前，对保理合同效力认定可直接适用《合同法》（已废止）第 52 条的规定进行审查，2021 年 1 月 1 日《民法典》实施后则应依据《民法典》关于合同效力的规定进行审查。需要说明的是“基础交易实际未履行”等情形并不属于前述法律规定的合同无效之情形。同时，虽然《民法典》第 143 条第 3 项对“违反行政法规的强制性规定”的情形进行了授权性的立法设置，但截至当前，未见行政法规就保理合同的无效情形进行过专门规定，仲裁机构亦不宜将部门规章、行业协会等文件扩大适用为保理合同效力判定的规范和依据。换言之，基础合同与保理合同在成立顺序上具有先后性，在效力生成方面具有独立性。在基础合同未触及法律、行政法规规定无效情形的情况下，即便当事人实际未进行交易，其带来的后果亦应该是从基础合同履行违约的角度进行评判，而不直接影响后续保理合同的成立与生效。至于基础合同产生的债权是否真实，虽然可能会影响保理合同的可履行性，但这亦应从保理合同履行的违约方面予以考虑，而不宜直接以此否定保理合同的效力。因此，即便债权人和债务人实际未发生基础合同约定的交易内容，只要保理人和债权人签订的保理合同符合《民法典》关于合同效力的一般性规定，即可认为保理合同成立、有效。

综上所述，在审理保理合同纠纷案件时，要正确把握基础合同效力、基础合同履行情况与保理合同效力、保理合同履行情况之间的关系，避免概念混淆导致的认定错误。

三、保理合同纠纷中不同法律关系的识别

在现行的法律规定中，暂无关于“保理合同纠纷”的专门案由设置。而各地仲裁和司法实践的做法也不尽相同，常见将履行保理合同引发的争讼分散定性为保理合同纠纷、借款合同纠纷、债权转让纠纷、其他合同纠纷等案由。虽然当事人一般不会对仲裁庭确定的案由产生异议，但考虑到案由的拟定涉及具体民事法律关系的性质，对于确定各方当事人在具体民事法律关系中负有的权利和义务、明确仲裁审查的方向和重点，从而有针对性地解决当事人的实际争议具有关键意义，仍有必要引起足够重视。虽然《合同法》（已废止）和《民事案件案由规定》（2011）均未对保理合同纠纷进行规定，但最高人民法院于 2015 年年底发布的《关于当前商事审判工作中的若干具体问题》实际已对保理合同纠纷这一概念有所涉及，天津、深圳等地也根据当地经济贸易发展实际衍生出的司法审判需要进行了初步探索，2020 年 5 月 28 日第十三届全国人民代表大会第三次会议通过的《民法典》中，已经设置专章对保理合同进行了规定；广州、深圳等地的仲裁机构根据当地仲裁实践的发展，率先性、较普遍地开始应用“保理合同纠纷”作为案由进行案件审理，并取得了良好的实际审理效果。由于保理合同一般涵盖了资金融通、应收账款管理、信用风险担保等多项内容，实际上应视为多种法律关系重合下的有名合同与无名合同的混合关系，则在此语境下，再单一地套用借款合同纠纷、债权转让纠纷等案由，均略显单薄、有失偏颇，不利于案件脉络的整体分析。因此，有必要就涉诉案件冠以正确的案由。而案由的拟定，则需要从涉诉法律关系的分析和定性入手。在（2020）最高法民终 155 号案中，上诉人 B 公司提出该案的法律关系性质是借款合同关系而非保理合同关系。最高人民法院认为，融资是金融服务的主要内容之一，转让

应收账款则是保理区别于其他金融服务的核心特征。本案当事人意愿建立的是以 A 公司向保理商转让其对 B 公司的应收账款,保理商向 A 公司提供资金融通为主要特征的保理关系。因此,本案法律关系的性质是保理合同关系。一审法院将本案案由定为金融借款合同纠纷,是因为保理合同在现行合同法体系下系无名合同,一审判决在“本院认为”部分已明确认定本案系保理合同关系,最高人民法院对此认定予以维持。

由于本文讨论的是围绕保理合同纠纷展开的仲裁审理问题,则案由的拟定应从当事人所争议的法律关系是否为保理合同法律关系进行考虑。在甄别涉诉交易是否构成保理合同法律关系的过程中,应着重从主体资格、合同形式要件、基础交易关系以及债权转让情况四个方面进行审查。在主体资格方面,应从作为合同当事人的服务提供方是否为经过主管机关核准从事特定范围保理业务的经营者进行判断,服务提供方须具备保理业务的经营资质,方可开展相关保理业务,否则后续将不可构成保理合同法律关系。在(2017)沪 01 民初 835 号案中,上海市第一中级人民法院认为,原告公司的主营范围为融资租赁业务,而经营商业保理业务必须获得相应的行政许可,原告公司不具有法律规定的保理融资交易经营资质,涉案交易行为已超出其特许经营范围,故对原告公司关于涉案法律关系为保理合同法律关系的主张不予支持。

在合同形式要件方面,应从保理合同的若干要素进行把握:保理合同一般应包括业务类型、服务范围、服务期限、基础合同交易情况、应收账款信息、转让价款、服务报酬及支付方式等若干要素,这将明显区别于一般的借款合同规定的借款金额、借款利率、还款时间和还款方式等要素。在(2018)粤 0306 民初 10447 号案中,深圳市宝安区人民法院认为,涉案《国内保理业务合同》虽然名为保理合同,但现有证据并未显示作为债权人与债务人之间存在具体的基础合同以及应收账款的事实,且该合同事实上并不具有保理合同的法律特征,故涉案《国内保理业务合同》应为借款合同,本案应为借款合同纠纷。

在基础交易关系方面,应从基础交易关系是否真实存在进行审查。存在基础交易关系,是成立保理法律关系的前提,若当事人实际并不存在基础交易关系,且保理人明知,则后续保理合同中约定的资金融通、应收账款管理、坏账担保等行为亦将失去开展的依据。但作为例外,只要保理商为善意,保理合同的效力往往不受影响。在(2017)最高法民终 332 号案中,B 公司以 A 公司对其不享有真实应收账款债权、涉案保理协议系 A 公司为骗取保理商的融资而签订为由,主张涉案保理合同关系无效。最高人民法院认为,双方当事人通谋所为的虚假意思表示,在当事人之间发生绝对无效的法律后果,但在虚假表示的当事人与第三人之间并不当然无效,第三人不知道当事人之间的虚假意思表示时,该虚假意思表示的无效不得对抗善意第三人。本案中保理商在并不掌握涉案基础合同存在造假的情形下与 A 公司签订了保理合同,保理合同法律关系得以成立。

在债权转让方面,保理是以应收账款转让为前提的综合性金融服务,保理人是否会向应收账款债权人发放保理融资款,较大程度上取决于对基础合同中债务人的还款风险评估的结果,债权人将特定应收账款的请求权转让给保理人,则是整个保理合同法律关系成立的基础,这也是保理合同法律关系与普通借款合同法律关系的显著区别之一。在(2017)京 0108 民初 49398 号案中,当事人对涉案合同关系的性质产生争议。北京市海淀区人民法院认为,保理法律关系的成立与否应当以债权的转让为前提,且该债权应是合法有效、客观存在的。而本案现有证据无法证明产生债权的基础事实已经实际发生,不符合保理合同中“债权的转让”前提。故本案当事人虽签订合同名为《国内保理业务合同》,但并不符合商业保理法律关系,而应通过双方之间实际关于权利义务的约定认定为借款合同法律关系。

此外,保理合同是建立在基础交易关系的前提下,并进行特定应收账款请求权转移的法律关系。即保理业务申请人与保理人之间往往存在票据法律关系和保理合同法律关系等复合法律关系,有可能存在保理人分别从票据法律关系和保理法律关系入手,从诉讼和仲裁等多个途径并行主张权利的情况,最终实现重复牟取利益的目的。在保理合同纠纷类案件中,作为被申请人或被告一方的保理业务申请人往往出现不积极应诉而导致缺席审理的情况。部分保理人可能会在利益驱动下,选择先通过诉讼程序主张票据权利,在取得胜诉判决后再以仲裁方式主张保理合同所确定的应收账款权利,然后分别向人民法院申请执行两份胜诉裁决,最终依靠一份权利实现了被两次"救助"的实体结果。由于仲裁庭或合议庭在缺席审理的情况下可获取的信息相对有限,有的申请人或原告可能会向仲裁机构或人民法院隐瞒己方通过其他途径已经取得权利救济的事实,而在债权关系相对明确的情况下,仲裁庭或合议庭会再次作出有利于仲裁申请人或原告方的裁决,导致债务人和保理业务申请人的最终合法权益在执行过程中受到实质上的公力侵害。实践中,此类不诚信的仲裁和诉讼行为暂时未见有明确的裁判规则予以规制,而在低廉的违法成本和高额的非法利益驱动下,其数量已有向上增长的趋势,应当引起仲裁机构和人民法院的足够重视。在审理案件和执行裁决的过程中,仲裁机构和人民法院应重点对保理人就同一权利是否进行重复救济进行审查,以保障债务人和保理业务申请人的合法权益。同时,笔者建议可考虑将前述不诚信的仲裁和诉讼行为纳入失信惩戒机制,由仲裁机构和人民法院将前述情况向相关主管部门予以通报。

综上所述,主体资格、合同形式要件、基础交易关系以及债权转让情况四个方面均符合前述情形的前提下,一般可认定当事人已经成立保理合同法律关系,即可将涉案争讼案由定为"保理合同纠纷"进行审理。对于保理人出现可能利用多重法律关系逻辑,就同一权利申请重复救济的不诚信仲裁和诉讼行为,同样是本类案件审理和执行过程中值得重视的关键要点。

四、多重保理合同情况下受偿顺序的处理

在实践中,供应商为尽可能融通到更多的运转资金,可能会就同份应收账款向不同的保理人订立保理合同,且并不一定都会按照《应收账款质押登记办法》的相关规定到指定的登记机构完成债权转让登记,这就可能产生多个保理人对同个应收账款债权产生请求权的冲突问题。在(2015)宁商终字第636号案中,涉诉应收账款进行了二次转让,当事人对重复转让债权这一行为的效力和应收账款受偿顺序问题产生争议。南京市中级人民法院认为,涉案两份债权转让协议不违反法律、行政法规的强制性规定,当属合法有效,不是无权处分。在涉案债权转让均有效的条件下,受让人为A公司的债权转让通知先于受让人为B公司的债权转让通知,到达债务人C公司,故涉案应收账款债权优先由A公司享有。

《民法典》第768条规定:"应收账款债权人就同一应收账款订立多个保理合同,致使多个保理人主张权利的,已经登记的先于未登记的取得应收账款;均已经登记的,按照登记时间的先后顺序取得应收账款;均未登记的,由最先到达应收账款债务人的转让通知中载明的保理人取得应收账款;既未登记也未通知的,按照保理融资款或者服务报酬的比例取得应收账款。"该条通过明确应收账款转让登记和通知的效力优先层级,解决了债权人就同一应收账款设立多重保理关系时各保理人的受偿顺序问题。按照前款规定,则针对多重保理合同的情形,应遵循已登记优于未登记、先登记优于后登记的顺序,由相应保理人对特定应收账款进行依次受偿。可以明确的是,

前述登记和通知均不属于保理合同的法定生效要件,而是对于第三人(主要是债务人)的对抗要件。本次《民法典》通过设立前述条款,对保理人的合同义务提出了更为严格的要求,提醒保理人重视应收账款转让登记的效力。即保理人须完整履行登记和通知义务,才能使自己在未来的受偿次序中占据有利地位。此外,该条款的设立对于规范保理业务市场秩序、促进合法营商的权益保障等方面也具有关键意义。

五、余论

本次《民法典》的出台,是以现代法治思维规范我国民商事法律关系过程中的重要里程碑,其将引领保理合同纠纷案件的仲裁审理领域产生重大变革。考虑到我国保理业务市场的发展仍然处于起步阶段,本文立足于《民法典》的最新立法精神,结合司法实践中已经形成的裁判规则及存在的争议点,就仲裁审理过程中涉及的保理合同成立与生效、法律关系的识别、多重保理关系的处理等方面进行阐述与研究。保理合同作为新生的金融工具,在监管理论和实践操作方面仍然显得较为薄弱,当前《民法典》关于保理合同的九条规范尚不足以对其构成完整的法律监管体系,在保理合同纠纷的仲裁审理领域,仍将有更多新情况、新问题出现,相关的立法和实践仍然存在诸多值得探索和研究的领域。这有待仲裁实务中的律师和仲裁员们进一步发掘和总结经验,提炼出适宜的仲裁审理规律,为未来相应立法工作提供参考素材。

The Civil Code's Influence on the Arbitration of Factoring Contract Disputes

By Yu Qun, Zhang Ping

Abstract: At this stage, the legal supervision of factoring business in China is still at a relatively early stage, judges are likely to have differences in understanding specific legal relationships and applying specific legal terms. Under *Civil Code of the People's Republic of China*, the judging method of factoring contract disputes cases is also experiencing a tremendous reformation. In order to help unify arbitration standards, maintain transaction security and protect the legitimate rights and interests of all parties, this paper will elaborate and study on the determination of the establishment and effectiveness, identification of legal relationship, multiple relationship involved in the related disputes arbitration process.

Key Words: the Civil Code; factoring contract; accounts receivable; validity of contract; multiple factoring

(责任编辑:谢俊杰)

热点聚焦

个人信息私法保护动态系统论

赵亚宁*

内容摘要　在信息化和大数据技术迅速发展的背景下，我国个人信息的法律保护初步呈现刑事、民事和行政三足鼎立的状态。作为个人信息法律保护的三大支柱之一，个人信息的私法保护应当采用一种动态化和体系化的方式。个人信息法律性质和立法模式的明确为其起点，个人信息应当是一种独立于隐私权的新型具体人格权，应当实行“《民法典》概括规定+《个人信息保护法》具体规定”的立法模式。个人信息权利内容的完善和保护手段的扩充是个人信息私法保护的延展。侵害个人信息所产生的侵权责任和违约责任则是个人信息私法保护的终点，侵权责任应当采过错推定责任的归责方式，精神损害赔偿应当包含于违约损害赔偿之中。

关键词　个人信息　私法保护　《民法典》人格权编　GDPR　民事责任

一、引言

高歌猛进的信息时代背景下，科技与互联网的发展互动给人类的生活带来了诸多便利，但与此同时，我们也付出了一定的个人信息①安全作为代价。2020年新冠肺炎疫情期间的个人信息泄露及其保护，近来也同样成为学术界与舆论界关注的热点话题。在信息化和大数据技术迅速发展的背景下，我国对个人信息的法律保护初步呈现刑事、民事和行政并进的状态，并开始走向体系化。《民法典》明确了自然人的个人信息应受保护，刑事立法通过出台刑法修正案、更新司法解释等方式不断扩张公民个人信息的保护范围，行政法上也出台了一系列相关法规对个人信息予以保护。有学者认为，在大数据时代私权制度无法对个人信息的使用、目的和效果等实行有效规制，为了维护公共利益与公共安全并促进个人信息的自由共享，应当否定自然人对个人信息的民事权利，将个人信息作为公共物品交由政府通过公法加以治理。② 但这种观点失之狭隘片面，通过私法保护个人信息并不意味着完全漠视公共利益和公共安全，公法的制裁固然能够发挥较大的威慑作用，但却无法对个人损害提供有效救济，个人信息的私法保护因而存在极大必要，应与公法保护居于同等重要地位。③ 动态系统论系由奥地利学者威尔伯格提出，其基本构想是，“在一

---

* 赵亚宁，清华大学博士研究生。

① 有学者试图对“个人信息”与“个人数据”作出区分，但从实践来看，两个概念常常被混用，尽管不同法系和国家的法律文件中采用了不同的称谓，但所指称的内容实质上并无二致，故笔者在同等意义上使用二者。

② 参见吴伟光：《大数据技术下个人数据信息私权保护论批判》，载《政治与法律》2016年第7期；丁晓东：《个人信息私法保护的困境与出路》，载《法学研究》2018年第6期；梅夏英：《在分享和控制之间——数据保护的私法局限和公共秩序构建》，载《中外法学》2019年第4期。

③ 关于个人信息私法保护之意义与作用的详细阐述，参见程啸：《民法典编纂视野下的个人信息保护》，载《中国法学》2019年第4期。

定的法律领域发挥作用的诸特定‘要素’,通过‘与要素的数量和强度相对应的协动作用’来说明并正当化法律规范或者法律效果”。[①] 动态系统论彰显了法律效果形成中各要素的系统性动态作用过程,在法解释学上具有重要的方法论作用。本文拟借用威尔伯格这一理论的概念和基本思路,立于动态的角度,从法律性质、保护模式、权利内容、民事责任等要素和层面,全面系统地构建个人信息的私法保护路径。

二、个人信息私法保护的起点:法律性质与立法模式的明确

(一)个人信息的法律性质

1. 个人信息的权利属性释明

当我们讨论个人信息的法律性质时,首先需要探讨的是个人信息能否或应否被作为一项权利。对此,我国《民法总则》(已废止)并未确定个人信息的权利属性,仅是在第111条中规定了自然人的个人信息受法律保护,并未明确自然人享有个人信息权。《民法典》虽然将个人信息与隐私权并列进行保护,但同样未对个人信息“权”予以承认,这种暧昧不清的态度引发了学界对于个人信息是否具备民事权利属性的争议。有相当多的观点认为应当将个人信息作为一项权利予以保护。[②] 但也有学者指出,个人信息具有特殊性,不宜作为财产赋予绝对权性质的保护,而且在大数据时代,对个人信息的高强度保护是没有必要且不现实的,为了平衡个人利益的保护和信息产业的发展,应当采用行为规制的模式,由法律规定行为规则设定红线,但个人没有对抗性权利。[③] 而且,数据缺乏特定性、独立性以及独立的经济价值,无法被归为民事权利的客体。[④] 自然人对个人信息并不享有绝对权和支配权,而只享有应受法律保护的利益。[⑤]

笔者认为,承认个人信息权的权利属性与推动我国信息产业的发展并不矛盾,个人信息本身也同样具备独立价值。个人信息具有复合式的属性,并不单纯是自然人的财产,其蕴含的人格意义也极为丰富。尽管人格权是一种绝对权,但是,将个人信息作为一种独立的具体人格权加以保护并不意味着个人信息权的内容和权能就会得到无限的承认和肯定,因为任何权利都有其界限,且权利不得滥用原则也是民法基本原则之一。将个人信息权作为一种新型权利,同时对其具体内容加以限定,既可以提高对个人信息的保护程度,又能保障信息产业发展中对个人信息的必要获取。而且,在比较法上,无论是欧洲还是美国,承认个人信息权为一种权利都已成为一种趋

① 参见[日]山本敬三:《民法中的动态系统论》,解亘译,载梁慧星主编:《民商法论丛—第23卷》,金桥文化出版(香港)有限公司2002年版,第177页。

② 参见张荣顺主编:《中华人民共和国民法总则解读》,中国法制出版社2017年版,第363页;陈甦主编:《民法总则评注(下册)》,法律出版社2017年版,第785页;张新宝:《〈中华人民共和国民法总则〉释义》,中国人民大学出版社2017年版,第220页;齐爱民、李仪:《论利益平衡视野下的个人信息权制度——在人格利益与信息自由之间》,载《法学评论》2011年第3期;王利明:《论个人信息权在人格权法中的地位》,载《苏州大学学报(哲学社会科学版)》2012年第6期;杨立新:《个人信息:法益抑或民事权利——对〈民法总则〉第111条规定的“个人信息”之解读》,载《法学论坛》2018年第1期;程关松:《个人信息保护的中国权利话语》,载《法学家》2019年第5期;等等。

③ 薛军:《数据时代的法律挑战》,载财经网:http://magazine.caijing.com.cn/20171124/4366452.shtml.,2020年4月5日最后访问。

④ 梅夏英:《数据的法律属性及其民法定位》,载《民主与法制》2016年第42期。

⑤ 程啸:《民法典编纂视野下的个人信息保护》,载《中国法学》2019年第4期。

势。[①] 事实上，欧盟、德国等的个人信息保护法虽然在规范名称中未使用个人信息权这一称谓，但其在个人信息保护内容规定上的周详，已使其在对个人信息的有效保护程度上，远远超过了一些明确对个人信息予以确权的国家。而且，其在具体规范中将具体权能称为权利，实质上也间接承认了个人信息的权利属性。[②] 另外，鉴于我国社会当前的个人信息保护意识尚待提高，将个人信息予以明文确权也有助于提高个人信息保护的公众重视程度，并且有助于鼓励人们通过举报、诉讼等方式打击侵害个人信息的违法行为，从而将个人信息的保护落到实处。[③] 在《民法典》中对个人信息权加以明确更是有助于进一步增强这种作用。

与此同时，德国法上自然人对个人信息的权利即“信息自决权”，被认为是依据《德国基本法》第1条第1款和第2条第1款有关人格尊严和人格自由而产生的“一般人格权”的具体化，而且能够为民法上的一般人格权所认可。[④] 而自然人对个人信息享有民事权利的正当性建立在维护人格尊严和人格自由的基础上，也是我国法学界的主流观点。[⑤] 尽管个人信息权当中包含了一定的财产属性，但其主要保护的对象还是精神性人格利益，这一点与作为典型人格权的肖像权存在类似之处，因而并不能据此否认个人信息权的人格权性质。此外，基于我国《宪法》对公民人格尊严的保障，将个人信息权作为一项人格权加以对待，还有助于为防范国家滥用公权力侵害公民信息权提供法理基础。[⑥] 在这一点上，过分信赖和倚重政府之公正良善的公法调整手段显然有所不及。

故此，个人信息应当被认定为一种权利；进而言之，是一种具体人格权。

2. 个人信息权与隐私权的分野

个人信息权与隐私权向来缠绕不清，两者之间的关系常为学界所热议。在美国，隐私是一个相对宽泛的概念，个人信息系被纳入隐私权范畴。[⑦] 而在我国，隐私权则是一个相对狭窄的概念，我国《民法总则》将两者并行规定在前后两个不同的条款之中，更是表明了二者之间的区别。两种方式何者更为精当，个人信息权与隐私权之间究竟具有怎样的关系，仅通过外在的规范条文无法识别，须结合相关学理知识对之加以明辨。

不可否认，个人信息权与隐私权存在一定的关联交叉性，主要体现为：(1)二者的权利主体都仅限于自然人，不包括法人；(2)二者都体现了个人对其生活的自主决定，彰显了个人的人格尊严和自由；(3)二者的权利客体具有交错性，许多未公开的个人信息本身就属于隐私的范畴，而部分隐私权的保护客体也属于个人信息的范畴。[⑧]

尽管个人信息权与隐私权存在以上共性，但总体而言，二者个性仍大于共性。在我国的法律

---

① James B. Rule & Graham Greenleaf, Global Privacy Protection, Edward Elgar Publishing, 2008, p. 5；程关松：《个人信息保护的中国权利话语》，载《法学家》2019年第5期。

② 如《德国联邦数据保护法》第34～36条规定的数据访问权（Auskunftsrecht）、删除权（Recht auf Löschung）、拒绝权（Widerspruchsrecht）等。

③ 程啸：《论大数据时代的个人数据权利》，载《中国社会科学》2018年第3期。

④ 谢远扬：《信息论视角下个人信息的价值——兼对隐私权保护模式的检讨》，载《清华法学》2015年第3期。

⑤ 参见齐爱民：《个人信息保护法研究》，载《河北法学》2008年第4期；王利明：《论个人信息权的法律保护——以个人信息权与隐私权的界分为中心》，载《现代法学》2013年第4期；杨立新：《个人信息：法益抑或民事权利——对〈民法总则〉第111条规定的“个人信息”之解读》，载《法学论坛》2018年第1期；张新宝：《中华人民共和国民法总则释义》，中国人民大学出版社2017年版，第220页。

⑥ 毛牧然：《论我国出台〈个人信息保护法〉的法理障碍及其破解》，载《苏州大学学报（哲学社会科学版）》2020年第1期。

⑦ See Eugene Volokh, *Freedom of Speech and Information Privacy*, 52 Stan. L. Rev. 1049 (2000).

⑧ 参见王利明：《论个人信息权的法律保护——以个人信息权与隐私权的界分为中心》，载《现代法学》2013年第4期。

语境之下,个人信息权领域中依然有许多隐私权无法触及之处,个人信息权在隐私权之外依然有着广阔的存在和发展空间。这也决定了,只有从法律层面明确对二者加以界分,才能使隐私权与个人信息权均能实现最为充分和完满的法律保护,从而真正完善我国的人格权制度。

具体而言,个人信息权与隐私权主要存在以下重大区别:

首先,权利性质不同。隐私权主要是一种精神性的人格权,虽然可以被利用,但其财产价值并不十分突出,而个人信息在性质上属于一种综合性的权利,其不完全是精神性的人格权。隐私权主要是一种被动性的人格权,通常只有在权利遭受侵害时才能由权利人进行主张。而个人信息权则主要是一种主动性人格权,权利人除了被动防御第三人的侵害之外,还可以对其进行积极利用。①

其次,客体范围不同。个人信息权与隐私权有交叉但不重合。隐私权的客体主要是一种私密性的信息,如个人健康状况、婚姻状况等。而就个人信息而言,它虽可能与隐私部分重合,但却都以信息的形式表现出来,且其许多内容不一定是私密的。②

再次,保护重心不同。隐私权的保护重心在于防范个人秘密不被非法披露,维护个人的私生活安宁;个人信息权则重在对个人信息自决权的保护,所注重的是自主支配和处分个人信息。③

最后,保护手段不同。针对隐私权主要系借用单一的侵权法加以保护,而个人信息权则是通过刑法、行政法等公法手段与私法手段综合发挥保护作用。④ 由于隐私权保护的是精神利益,因而受害人通常诉诸精神损害赔偿的方式加以救济。而个人信息在信息科技时代的经济价值,则使受害人还可以通过财产损害赔偿获得保护。

综上所述,个人信息权不仅是一项民事权利,更是一项独立于隐私权的具体人格权。其植根于人格权,但却区别于传统人格权而在具体内涵上有所扩张。将个人信息权作为一项独立于隐私权的具体人格权,并在《民法典》中与隐私权并列加以特别保护有其正当性。《民法典》虽未明确采此做法,但从解释论上应当得出这一结论。

(二)个人信息权的保护模式

1. 比较法模式考察

对于个人信息权的保护,各个国家和地区采取了不同的立法模式。

第一种模式是仅通过民法典对个人信息予以确认和保护,代表国家有瑞士、俄罗斯及越南。如《瑞士民法典》在第一编"人法"的第41–43a条分别规定了"信息无争议的证明""修改""信息的保护和信息的披露";《俄罗斯联邦民法典》在第一部分第一编"总则"第128条"民事权利客体的种类"之中规定了"信息";《越南社会主义共和国民法典》第一编"一般规定"第38条规定了个人信息资料的安全保密权。

第二种模式是通过单行法对个人信息加以保护,代表性立法有《德国联邦数据保护法》《奥地利联邦个人数据保护法》《日本个人信息保护法》《荷兰个人数据保护法》《意大利数据保护法》等。这些法规对信息主体权利的形式、范围、内容,以及信息处理者的义务等事项作出了详细规定。此外,2018年5月生效的《欧盟一般数据保护条例》(General Data Protection Regulation,

① 参见王利明:《论个人信息权的法律保护——以个人信息权与隐私权的界分为中心》,载《现代法学》2013年第4期。
② 参见陈甦主编:《民法总则评注(下册)》,法律出版社2017年版,第790页。
③ 谢远扬:《信息论视角下个人信息的价值——兼对隐私权保护模式的检讨》,载《清华法学》2015年第3期。
④ 沈德咏主编:《〈中华人民共和国民法总则〉条文理解与适用(下)》,人民法院出版社2017年版,第764页。

GDPR）目前是欧盟在智能互联网时代有关个人信息保护的新宪章，其第三章在现有立法、实践经验和权利创新基础上规定了个人的十余项信息权利，在个人信息保护的范围和力度上均有极大突破，被称为“史上最严”数据保护条例。

第三种模式则较为特殊，其为美国所采，系通过“补充已有法律（主要是隐私权保护法律）＋行业自律”的模式对个人信息予以保护，相关立法较为零散。[①] 美国《隐私法》《消费者隐私保护法》《学生隐私保护法》《雇员隐私保护法》等一系列单独立法形成了众多相互独立的以隐私权为基础的个人信息保护制度，且美国法院也在其作出的诸多判决中通过解释尽力将个人信息归于隐私权之下加以救济。[②]

2. 我国的应然立法模式

综合对以上国家和地区个人信息保护立法模式的考察，个人信息的法律保护主要有三种模式：第一，在《民法典》中规定；第二，制定专门的个人信息保护单行法；第三，在隐私权法中规定。笔者认为，就我国目前的个人信息保护现状和法律规范体系以及相关学术理论而言，我国个人信息保护的立法宜采“《民法典》概括规定＋《个人信息保护法》具体规定”的模式。

首先，我国隐私权向来以维护个人生活的私密性为中心，基本不涉及或极少涉及个人信息保护的内容，将个人信息权包含在隐私权之下加以保护，一方面打破了对隐私权的一般理解，使概念的稳定性遭到破坏；另一方面也不利于实现对个人信息的充分保护。如前所述，在传统隐私权语境下，个人信息的很多内容都无法为隐私权所包含，两者之间的确存在交集，但更多的还是差异，故通过隐私权来保护个人信息会使很多个人信息被阻隔于法律保护的范围之外。我国《民法典》对二者作出的区分规定也突出了个人信息独立保护的必要性。其次，仅在《民法典》中保护个人信息也存在一定缺陷。当前，对个人信息的保护更多是在大数据的背景下加以讨论，具有一定的时代因应性，而《民法典》作为民商事领域普遍适用的一般规则，应当保持相当程度的稳定性，以避免因社会生活发展变化所导致的频繁修订，这就决定了《民法典》仅能在抽象和一般层面上对个人信息加以保护，事无巨细面面俱到的规定不仅是对立法资源的一种浪费，也是对《民法典》稳定性的冲击。而且，《民法典》是对各民事领域法律规则的编纂，其不可能也不应该厚此薄彼地单独对个人信息的保护作出详细规定。对《民法典》中个人信息保护的相关条文加以研读可以发现，这些规定大都比较简略，无法实现个人信息的全面保护。最后，制定专门的个人信息保护法可以对个人信息的保护作出全面、系统的规定，但依然存在不足。一方面，个人信息权就其内涵和属性而言，属于人格权的范畴，故而应当在《民法典》中加以明确；另一方面，《个人信息保护法》作为对自然人个人信息保护实施专门性规定的成文法，应当有关于个人信息保护的民法上位法和一般法作为支撑依据，以充分保障其立法的必要性和正当性，故《民法典》中的一般性规定不可或缺。

职是之故，在个人信息私法保护的立法之中，我国既应当在《民法典》中对之作出抽象和概括的规定，又应当制定出一部专门的《个人信息保护法》对之进行具体、全面和详细的规定。[③]

---

① 周汉华：《中华人民共和国个人信息保护法（专家建议稿）及立法研究报告》，法律出版社2006年版，第79～80页。

② 参见廖宇弈：《我国个人信息保护范围界定——兼论个人信息与个人隐私的区分》，载《社会科学研究》2016年第2期。

③ 值得一提的是，《个人信息保护法》的制定已经被全国人大常委会纳入2020年中国立法工作计划当中。参见《2020年立法计划出炉，民法典草案3月提请审议》，中国人大网：http://www. npc. gov. cn/npc/c30834/202001/0091e0f8a4e44ab7a8c90 89e8380af38. shtml. ，2020年4月18日最后访问。

三、个人信息私法保护的延展:权利内容的细化与保护手段的扩充

《民法总则》(已废止)只是简单宣示了个人信息受法律保护,其他组织和个人负有保护个人信息的义务,并未规定个人信息权的内容,[①]《民法典》人格权编则对权利内容作出了规定,其第1035条规定了信息主体的同意权、知情权,第1037条则规定了信息主体对于信息的查阅、复制、更正、删除等权利。但相关规定过于笼统,缺乏明确的实施程序和法律后果,也未设置保证个人信息权得以实现的程序保障机制,总体而言存在改进空间。欧盟GDPR作为域外目前最新的个人信息保护法案,对个人信息权的规定不仅全面,还设置了一套系统的权利保障机制,值得借鉴。2018年,美国《加州消费者隐私法》为消费者创设了四项针对其个人信息的强有力的权利:知情权、访问权与可携带权、删除权、拒绝信息被出售权,几乎就是对GDPR所规定之主体权利的翻版。[②] 个人信息虽然应被定位为权利,但其社会形态却十分多样,并呈现"权利束"的特点。事实上,放诸欧美,其个人信息保护的重心业已从20世纪70年代以抽象权利为中心的立法模式转向以确认具体权能为中心的立法模式。[③] 就此而言,我国个人信息保护立法宜充分利用后发优势,以此种立法路径为镜鉴,对个人信息私法保护之内容作出尽可能完善的规定。

(一)权利内容的细化

1. 同意权的细化

信息主体享有同意权意味着,信息控制者对个人信息的处理和利用必须以信息主体的"同意"许可为前提,未经信息主体同意,信息控制者不得实施收集利用个人信息的行为。《民法典》仅在第1035条第1款第1项规定了处理个人信息应征得该自然人或者其监护人同意,并未对之进行细化。但就实践中网络产品和服务的提供来看,企业出示的隐私条款往往在内容上语焉不详、笼统不清,且存在过度收集用户信息、限制甚至剥夺用户合法信息权利的现象。在此种情势下,个人为获得产品或服务而作出的同意严格来说可能并非出自其本心,个人信息同意权将难以有效发挥排除不当信息收集处理的作用。因此此规定还有待进一步细化。

对此,GDPR第7条第2款规定,当请求同意条款与其他服务条款一起作为一项书面声明向信息主体出示时,请求同意条款应当显著区别于其他服务条款,且应当清晰明确、通俗易懂。而且,依据其第7条第3款,信息主体在作出同意后,有权随时撤回同意,且信息控制者应当事先告知信息主体该项权利,并保障撤回权的行使和作出同意一样简便。需要注意的是,信息控制者在撤回之前基于同意而对个人信息实施的处理不受影响、依然合法,即撤回不具有溯及力。

这些规范对于同意权的贯彻落实至关重要,我国应当在将来的《个人信息保护法》中规定信息利用主体对个人信息同意权的提示说明义务,以及同意撤回权的告知义务。

---

① 《民法总则》第111条规定:"自然人的个人信息受法律保护。任何组织和个人需要获取他人个人信息的,应当依法取得并确保信息安全,不得非法收集、使用、加工、传输他人个人信息,不得非法买卖、提供或者公开他人个人信息。"

② 叶名怡:《个人信息的侵权法保护》,载《法学研究》2018年第4期。

③ 程关松:《个人信息保护的中国权利话语》,载《法学家》2019年第5期。

2. 查询权的细化

GDPR 第 15 条规定了信息主体的查询权,且对可查询信息的范围作出了限定,[①]1995 年《欧洲个人信息保护指令》曾经允许控制者向信息查询主体收取一定的查询费,具体费率由欧盟成员规定。但如今 GDPR 第 12 条第 5 款则要求信息主体在向控制者行使查询权时,控制者应当提供免费查询服务;只有当信息主体重复、过度或无正当理由提出查询要求时,方可收取一定的服务费用。《民法典》第 1037 条第 1 款仅一般性地规定了信息主体的查询权,对可查询信息的内容和信息查询费用未作出任何规定,是一个缺憾,应当在将来立法中根据我国的社会现实运行情况予以细化。

3. 删除权的细化

信息删除权,是指个人在希望清除存储在信息控制者处的自身信息时,有权要求信息控制者及时删除相关信息,其针对的主要是非法处理、错误处理或非必要处理个人信息等情形。[②] 删除权的确立无疑加大了个人信息的保护力度,但也可能会危及言论自由、信息共享等价值目标的实现。为实现个人利益与公共利益的平衡,有必要限制删除权的行使范围。《民法典》第 1037 条第 2 款对删除权作出了确认,但却未对其施以任何限制。相比之下,GDPR 第 17 条第 3 款则规定了删除权的五种除外适用情形(信息处理具有必要性的情形):(1)是为了行使表达自由和信息自由的权利的;(2)信息控制者是为了履行一项欧盟法或者成员国法所规定的信息处理义务,或者是基于公共利益或官方授权而执行一项任务;(3)是为了维护公共卫生领域的公共利益的;(4)是出于促进公共利益的归档目的、科学或历史研究的目的或者统计学目的,且行使删除权极有可能破坏这些目的的实现;(5)是为了确立、行使或者抗辩法律上的请求权的。

现实个案中删除权的承认与否是一个复杂的问题,在某些情形下存在公众知情利益和个人人格保护之间的冲突,此时需要充分考虑和斟酌行为的语境,对两项价值目标进行利益衡量,当个人信息在特定场合与公共事务的关联越强时,信息主体对该信息的控制权就越弱,其删除权遭到否定的可能性就越大,反之则否。[③] 将来我国在《个人信息保护法》中规定个人信息删除权时,以上规定和思路可资参考。

4. 携带权的确立

信息携带权(right to data portability)是 GDPR 首创的个人信息保护权利,通过赋予信息主体获取和传输个人信息的权利,其进一步提高了个人对其信息的控制能力。GDPR 第 20 条规定,对于自己已向信息控制者提供的本人相关信息,信息主体有权向信息控制者获取结构化的、通用的且机器可读格式的信息,并且有权无障碍地将这些信息从该控制者处传输给另一信息控制者。但是当控制者是基于公共利益或官方授权而进行必要的信息处理时,信息主体则不享有信息携

---

① GDPR 第 15 条:"信息主体有权查询下列信息:①控制者是否处理或者在何地处理其个人信息;②控制者处理信息的目的;③控制者处理信息的内容、种类;④控制者是否将信息共享给他人;⑤控制者存储其个人信息的期限;⑥信息删除权、修改权和限制、反对信息处理权行使的相关情况;⑦向信息保护局提出投诉的权利情况;⑧当存储的信息不是直接来自其本人时,信息的真实来源;⑨控制者对信息进行加工分析及其利用的情况。"

② 删除权(right to be erasure)也称被遗忘权(right to be forgotten),GDPR 第 17 条中,被遗忘权与删除权虽然以括号内和括号外的形式出现,但在内容上完全重合,区别仅在于前者说明权利行使的目的,后者说明实现权利的手段。参见 GDPR 序言第 66、67 段。故笔者在同等意义上使用两者。与删除权有关的案例,国外主要有西班牙的冈萨雷斯案,国内则为任某玉诉百度公司名誉权纠纷案,后案也被称为中国"被遗忘权第一案"。

③ 刘文杰:《被遗忘权:传统元素、新语境与利益衡量》,载《法学研究》2018 年第 2 期。

带权。信息携带权的创设一方面有助于平衡信息主体和信息控制者之间对信息的不平等控制地位,[①]以及促进用户福利,打破信息垄断,促进信息共享和流通;另一方面也存在盗用或冒充他人身份行使信息携带权从而非法获取他人信息的安全隐患,而且还有可能提高企业的技术成本、侵犯企业知识产权、挤压中小企业生存空间以及阻遏市场竞争和创新。[②] 也正是基于其潜在弊端,我国有学者反对在立法层面确立信息携带权,主张将之作为一个努力的目标,并根据不同情形对信息控制者施加不同的责任。[③]

囿于当前数字市场的整体技术水平,信息携带权目前可能还无法得到普遍贯彻落实,但这并不意味着就不宜在现阶段将之上升为一项权利。随着我国科创能力的提高和“互联网 +”进程的加快,我国数字产业的发达程度甚至已经远超欧美发达国家。单就信息携带权而言,网易云音乐和 QQ 音乐其实早在 2017 年就主动为用户提供了个人歌单的跨 APP 导入功能。行业头部企业的行动必然会形成示范效应,小企业因无法满足客户需求而灭亡本就是市场优胜劣汰的自然规律。而涉及信息携带权的大多为网络服务行业,资本驱动性决定了对其通常无政策扶助之必要。而且,从立法层面创设携带权并不意味着对其的绝对适用,“技术可行”及“公共利益维护”等条件构成了必要的合理限制,且这些并非否定其权利性质的充分基础。信息携带权整体利大于弊,为了更好地促进个人对其信息的控制和积极利用,其应当在未来的《个人信息保护法》立法中得到确立。

(二)保护手段的扩充

就信息主体权利的保障而言,根据 GDPR 第 12 条,信息控制者在能够识别信息主体的情况下不得拒绝信息主体的权利请求,且应当毫不迟延地在收到请求的 1 个月内提供相关信息。若信息控制者未在该期间内提供信息,则应当毫不迟延地向信息主体作出通知,且最迟不得超过信息主体要求其告知不作为理由的 1 个月。此外,GDPR 第八章对信息主体的救济路径作出了完备的体系化规定。对于信息控制者侵害个人信息权的行为,信息主体既可以亲自向监管机关申诉或者向法院起诉,也可以委托相关非营利机构代表其提起申诉或诉讼。与此同时,法定的信息保护非营利机构还可以独立代表信息主体以这些方式主张权利。对此,我国可以考虑设置一个专门的个人信息保护行政主管机关,或者从现有机关中选择合适者赋予其信息保护监管职能,以妥善处理信息侵权相关争议,为公民畅通行政救济渠道。另外,对于个人信息保护的非营利机构代表信息主体主张权利的制度,则可以考虑与我国现有的公益诉讼制度相衔接,但有必要合理确定该类机构的认定标准及范围。

总之,关于个人信息的保护手段和救济措施,《民法典》的规定存在不足,而这些内容又是个人信息保护得以实现的根本。唯其得到完善,个人信息权的各项规定才能在实践中真正得到落实。这一点,可通过在将来的《个人信息保护法》立法中审慎设计相关条文予以弥补。

四、个人信息私法保护的终点:侵害个人信息的民事责任

对个人信息的侵害,主要有四种情形:一是未经同意非法收集个人信息或者虽经同意但不当

---

① Anita Bapat, *The New Right to Data Portability*, 13 Privacy Data Protection 4 (2013).

② 丁晓东:《论数据携带权的属性、影响与中国应用》,载《法商研究》2020 年第 1 期。

③ 丁晓东:《论数据携带权的属性、影响与中国应用》,载《法商研究》2020 年第 1 期。

收集个人信息；二是合法收集信息的情况下违反法律或约定处理和利用个人信息；三是合法的收集信息者违反法律或约定泄露、毁损、丢失或买卖个人信息；四是错误记载个人信息等其他个人信息侵害行为。[①] 显然，就民事责任而言，这些行为既涉及侵权责任也涉及违约责任。其中，侵权责任的归责原则和违约责任的赔偿范围是两个亟待明确的问题。

（一）个人信息侵权责任的归责原则：过错推定责任

个人信息权作为民事权利的一种，当其受到侵害时自然会产生侵权责任。当信息控制者实施侵害个人信息权的行为时，基于个人信息权的财产权与人身权的复合属性，信息主体自然有遭受财产损失或精神损害的可能。停止侵害、排除妨碍、消除危险等形式的侵权责任不以侵权人的主观过错为要件，与之相对应的被侵权人请求权为人格权请求权。但是，对于信息控制者的损害赔偿责任究竟应如何承担，《民法典》则并未予明确。

一般而言，损害赔偿责任采过错责任的归责原则，无过错责任仅仅是过错责任的一种例外，其归责事由主要有危险和控制力两项。[②] 侵害个人信息权的行为是否适用无过错责任主要与危险有关，与控制力无关。危险责任的主要创设基础在于实现对“允许从事某种危险行为”的合理平衡，其所针对的行为本身往往具有较大的导致损失现实化的危险性。[③] 就信息控制者收集、利用、处理个人信息的行为而言，其本身的确存在一定的风险性，如可能发生信息大规模、大范围泄露等，但却不一定会给信息主体带来直接损失，[④]因而并不具有紧迫的、明显导致损失现实化的危险性。故个人信息侵权适用无过错责任不具备充分的法理基础。此外，个人信息的利用往往涉及公共利益，适用无过错责任将会大大抑制技术创新的积极性，给相关产业的发展增加成本和压力，不利于整个社会的进步，自利益衡量的角度考虑，个人信息权应当适当让位于社会公共利益。据此，过错责任的一般归责原则依然应当得到适用。但值得注意的是，同样是出于利益衡量的考虑，由于信息主体相对于信息控制者而言，往往处于弱势地位，二者之间高度的信息不对称和地位不对等是一种常态，令信息主体在主张损害赔偿请求权时证明信息控制者存在过错过于强人所难，不利于个人信息保护之立法目的的实现，因此宜通过采取过错推定责任即举证责任倒置的方式来保护遭受损害的信息主体。

比较法及我国学界部分观点主张以侵权人是否为公务机关以及是否采用数据自动处理技术为标准，适用或二元或三元的侵权行为归责原则，并同时设置了一系列的例外情形。[⑤] 但是，过度精细的法律设计是否真正贴合了现实社会的运行状态，是否能够构成对利益衡量的准确表达，是否会引发司法适用烦琐复杂等一系列负面衍生效应，可能都存在相应疑问。相比之下，颇具包容性的过错推定责任则弥补了这些不足，其既维持了过错责任原则的传统支配地位，又通过举证责任倒置的方式实现了对受害人的有效保护。而且，通过对“过错”要件的灵活解释和认定，法院在审理个人信息侵权案件时，可以根据实际情况于“公共利益维护”和“个人利益保障”的光谱两端

---

① 参见陈甦主编：《民法总则评注（下册）》，法律出版社2017年版，第788页；程啸：《论侵害个人信息的民事责任》，载《暨南学报（哲学社会科学版）》2020年第2期。

② 程啸：《侵权责任法》，法律出版社2015年版，第98～99页。

③ ［德］马克西米利安·福克斯：《侵权行为法（第五版）》，齐小琨译，法律出版社2006年版，第256页。

④ 大数据背景下的新型损害主要是数据泄露本身及其各种次生损害，这些损害往往难以被传统侵权法观念所认可。参见叶名怡：《个人信息的侵权法保护》，载《法学研究》2018年第4期。

⑤ 相关介绍及论析参见程啸：《论侵害个人信息的民事责任》，载《暨南学报（哲学社会科学版）》2020年第2期；叶名怡：《个人信息的侵权法保护》，载《法学研究》2018年第4期。

之间谋得平衡。

(二)个人信息违约责任的赔偿范围:精神损害赔偿的可包含性

若信息控制者在获取他人个人信息时与信息主体订立了服务协议,那么在获取信息之后,信息控制者须对信息主体承担合同义务。根据合同目的以及《民法典》第111条的规定,该合同项下信息控制者的主给付义务应当是确保信息主体的信息安全。据此,为防止信息主体的个人信息被泄漏或遭到不当利用,信息控制者应当尽勤勉义务,采取必要的信息安全保护措施,否则便须承担违约责任。通常认为,违约责任包括继续履行、赔偿损失、违约金等责任形式。[①] 信息控制者根据其具体违约形态的不同,应承担不同的违约责任。

当个人信息被信息控制者泄漏时,无论是主张违约责任还是侵权责任,信息主体遭受的损害后果都是相同的,由于自然人对其个人信息享有人格利益,故信息主体在遭受财产损失的同时,也有可能遭受精神损害。《民法典》明确规定了被侵权人的精神损害赔偿请求权,侵权损害赔偿中包含精神损害赔偿固无疑义,那么信息主体在主张违约损害赔偿时,是否可以要求信息控制者赔偿其精神损害呢?对此,《民法典》未明确规定。2010年11月1日起生效的最高人民法院《关于审理旅游纠纷案件适用法律若干问题的规定》则在旅游合同纠纷的场合明确否定了违约精神损害赔偿。[②] 我国司法实践中,绝大多数判例都认为在合同之诉中主张精神损害赔偿没有法律依据,[③]但学界对此意见不一,争论颇多。近年来,有许多学者肯定了违约精神损害赔偿的必要性和正当性,并从解释论或立法论上提出了制度构造方案。[④]

对于违约精神损害赔偿,域外各国立法和实践均给予了不同程度的承认,仅是在立法技术上采取了不同的形式。英美法系国家在特殊案型中许可违约精神损害赔偿,且司法实践越来越有冲破特殊案型范围之势;法国则确立了违约精神损害赔偿的一般规则;就国际统一立法而言,《国际商事合同规则》《欧洲合同法原则》等规范文件也均承认了违约非财产损害赔偿。[⑤] 另外,结合我国《民法典》的相关规定,笔者认为,将精神损害赔偿纳入违约责任之中,不仅具有必要性,也具有可行性。《民法典》第584条规定,"当事人一方不履行合同义务或者履行合同义务不符合约定,造成对方损失的,损失赔偿额应当相当于因违约所造成的损失"。但根据该条文,并不能当然地将精神损害赔偿排除于"损失"之外,将"损失"仅理解为"财产损失"。质言之,从文义解释的角度,"财产损失"与"精神损害"是"损失"的应有之义。

值得一提的是,《民法典》已经明确肯定了违约行为侵害人格权场合的精神损害赔偿,[⑥]鉴于个人信息应当被纳入具体人格权的范畴,故而就应然层面而言,信息控制者因违反信息服务协议

---

① 参见韩世远:《合同法总论》,法律出版社2011年版,第600~692页。

② 该解释第21条规定:"旅游者提起违约之诉,主张精神损害赔偿的,人民法院应告知其变更为侵权之诉;旅游者仍坚持提起违约之诉的,对于其精神损害赔偿的主张,人民法院不予支持。"

③ 陆青:《违约精神损害赔偿问题研究》,载《清华法学》2011年第5期。

④ 参见龙著华:《违约责任中的精神损害赔偿》,载《政治与法律》2006年第1期;陆青:《违约精神损害赔偿问题研究》,载《清华法学》2011年第5期;徐静:《我国违约精神损害赔偿责任制度的构建——以〈合同法〉第113条解释论为中心》,载《甘肃政法学院学报》2012年第1期;崔建远:《精神损害赔偿绝非侵权法所独有》,载《法学杂志》2012年第8期;杨显滨:《违约精神损害赔偿制度的中国式建构》,载《当代法学》2017年第1期。

⑤ 参见徐静:《我国违约精神损害赔偿责任制度的构建——以〈合同法〉第113条解释论为中心》,载《甘肃政法学院学报》2012年第1期。

⑥ 《民法典》第996条规定:"因当事人一方的违约行为,损害对方人格权并造成严重精神损害,受损害方选择请求其承担违约责任的,不影响受损害方请求精神损害赔偿。"

而承担的违约责任中,也应当包括对精神损害的赔偿。

五、结语

大数据环境下,个人信息被盗用、滥用及泄露的现象极其严重,个人信息的保护不仅应当从意识形态上得到重视,相关的法律制度保障更要及时跟进。个人信息的法律保护问题跨越了宪法、行政法、刑法和民法等法律部门的界限,在各部门法下均有讨论空间,私法视域下的个人信息保护业已引发民法学界的诸多关注和研究。个人信息的私法保护是一个动态的过程,在该私法保护系统当中,首先,应当明确自然人对其个人信息所享有的利益是一项具体的人格权,宜采取"《民法典》概括规定 +《个人信息保护法》具体规定"的立法模式对个人信息权加以保护。其次,应当在将来制定的《个人信息保护法》中细化个人信息权中各项权利的内容,扩充权利保护手段,使个人信息权能够有效行使和实现。最后,应当明确侵害个人信息权的民事责任包括侵权责任和违约责任,前者在涉及损害赔偿责任时,应当采取过错推定责任的归责方式,后者应当将精神损害赔偿责任含括在内。立于系统论的视角,从动态的角度出发,进行个人信息保护的理论建构和规范设计,有利于从全局上把握与个人信息权有关的各项内容,从而更好地实现个人信息的私法保护。

The Dynamic System of Personal Information Private Law Protection

By Zhao Yaning

Abstract: Under the background of rapid development of informationization and big - data technology, legal protection of personal information in China is preliminarily based on a three - pillar framework with criminal law, civil law and administration law. As one pillar of the legal protection of personal information, the private law protection of personal information shall employ a dynamic and systematic method. Firstly, figuring out the legal nature and legislation mode of personal information is the starting point. Personal information shall be defined as a new kind of specific personality right, and shall be regulated summarily in *Civil Code* and concretely in *Personal Information Protection Law*. Then, the contents of the personal information right shall be perfected and the protection means of personal information shall be expanded. Finally, the application of civil liability is the terminal point, which consists of tort liability and liability for breach of contract. As for the former, the imputation criterion of liability shall adopt fault presumed liability. As for the latter, emotional damages shall be included in damages for breach of contract.

Key Words: personal information; private law protection; the personality right part of civil code; GDPR; civil liability

（责任编辑:江若诗）

赋权仲裁庭保全决定权的分析

——从《仲裁法》修改的角度

房　昕*

内容摘要　根据我国法律的现行规定,仲裁保全的审查权、裁定权、执行权由人民法院垄断行使。这些规定体现出法律控制仲裁权的立法倾向,违背独立、自治的基本仲裁理念;并且与《示范法》和其他国家仲裁法的有关规定严重脱节。通过国内仲裁机构的仲裁规则确立仲裁庭享有保全决定权与现行法律存在重大冲突。在未来修改的《仲裁法》中赋予仲裁庭决定保全措施的权力应为上上之策。

关键词　仲裁保全　决定权　仲裁规则　仲裁法修改

一、引论

仲裁保全制度是为了确保终局裁决的有效实现或者为了避免当事人在等待终局裁决期间遭受损失的持续或扩大,法院或者仲裁庭对本案相关财产采取控制性或处分性强制措施或者责令一方当事人实施或停止某些行为的程序。完整的仲裁保全程序包括先后两个阶段,即仲裁保全决定阶段和仲裁保全执行阶段。其中,后一阶段以采取强制性执行措施为主要内容,由于强制性权力属于国家权力的范畴,故保全执行阶段属于法院的专属领地。而保全决定阶段则不需要任何强制性权力,因此,仲裁保全决定权的分配模式在世界范围内因各国仲裁的发展水平和对仲裁的认识态度有所不同,进而成为评价仲裁保全制度的核心。

1985 年《国际商事仲裁示范法》①(以下简称《示范法》)第 17 条规定了仲裁庭有权依据一方当事人的申请发布临时性保全措施的命令。此后,凡是采纳了《示范法》的国家和地区,均在本国或本地区仲裁法中明确规定仲裁庭有发布临时性保全措施的权力,例如,1998 年《德国民事诉讼法典》第 1041 条、1996 年《印度仲裁与调解法》第 17 条、2003 年《日本仲裁法》第 24 条第 1 项、1999 年《瑞士国际私法法典》第 183 条、1986 年《加拿大商事仲裁法案》第 18 条等。目前,已有越来越多的国家和地区在其立法中确认法院和仲裁庭均有权发布临时性保全措施。

遗憾的是,我国法律仍保守地采用保全决定权专属于法院的模式,完全排除仲裁庭发布保全措施的权力。目前国际仲裁界正在谋求国家间相互承认和执行由仲裁庭发布的保全措施,或将

---

* 房昕,北京工商大学法学院诉讼法学硕士研究生。

① 2006 年 7 月 7 日,贸易法委员会通过了对 1985 年《国际商事仲裁示范法》的修正,以一篇新的第四章 A 取代第 17 条,确立了关于仲裁临时措施更加全面的法律制度,包括临时措施与初步命令、仲裁庭采取临时措施的条件、临时措施的形式与效力、临时措施裁决的承认与执行等。

通过各国国内法或者缔结国际公约的形式得到落实。[①] 如果我国法律继续墨守成规，将造成仲裁当事人在我国和外国寻求临时救济措施上权利的失衡，对我国仲裁业在国际上产生巨大的负面影响。虽然我国的仲裁机构充分发挥探索精神，在仲裁规则中变相允许仲裁庭发布保全措施，但由于仲裁规则受制于国家法律的强制性规定，因此通过仲裁规则承认仲裁庭的权力无法解决中国保全制度的现实困境。毫无疑问，通过立法赋予仲裁庭保全决定权之最高效力保障才是最佳选择。

借我国酝酿修改《仲裁法》之机，本文拟从国际仲裁法的改革方向和我国仲裁法理念之优化的角度，从加强仲裁庭权力和减少司法权干预这两个方面探讨仲裁保全决定权的分配，以为《仲裁法》修改和完善提供参考。

二、国际仲裁法的发展和改革

仲裁作为一种纠纷解决方式的历史可追溯至古罗马时期，但直到中世纪，仲裁制度才被少数国家的法律认可。19 世纪以后仲裁立法逐渐展开。当人类文明的进程进入 20 世纪以后，随着全球经济的发展，仲裁制度发展迅速并得到广泛运用，世界范围内掀起了仲裁立法的高潮。许多国家采取制定单独的仲裁法典或在其他部门法如民事诉讼法典、商法典中作专章规定的形式制定了本国仲裁法。而使当代仲裁迈上前所未有之新高度，是 20 世纪后期，源起欧洲并席卷全球的仲裁法改革浪潮。[②]

在国际视野下，各国仲裁法律制度总体呈现如下变化：(1)更加尊重当事人意思自治。例如，1996 年《英国仲裁法》第 5 条将仲裁协议的“书面形式”极为宽松的解释为“包括以任何方式所作的记载”，充分尊重了当事人请求仲裁的意愿。又如，1999 年《瑞士仲裁法》明确规定凡是当事人有权自由处分之事项都是可仲裁性的事项，当事人可以将此争议提交仲裁解决。(2)普遍加强仲裁庭的权力，仲裁权呈扩大趋势。例如，1999 年《瑞士仲裁法》允许仲裁庭对自己的管辖权作出裁定。1988 年《德国民事诉讼法典》第 1040 条之一规定，仲裁庭可以自己决定自己的管辖权，同时对仲裁协议的效力作出判断。1994 年《意大利民事诉讼法典》第 819 条第 3 项明确授予了仲裁庭自行调查和收集证据的权力。(3)限制法院对仲裁的干预和监督。例如，仲裁庭自裁管辖权原则被各国纳入国内仲裁立法中。法院对仲裁裁决实施司法审查，只做程序性审查和公共利益审查，而不进行事实认定和法律适用方面的审查。如 1976 年《法国民事诉讼法》第 1484 条规定仲裁裁决的撤销事由如下：①仲裁协议无效或过期或不存在；②仲裁庭的组成违反仲裁规则；③仲裁员未遵守其使命进行仲裁；④仲裁程序违反正当程序；⑤仲裁裁决违反公共政策。(4)各国仲裁法律规范呈现国际化和趋同化。其主要标志有两个：第一，随着越来越多的国家成为《承认及执行外国仲裁裁决公约》(又称《纽约公约》)的成员，各国仲裁法在承认与执行外国仲裁裁决上形成国际性统一规范。第二，随着越来越多的国家在立法时参考和借鉴《示范法》或者以《示范法》为蓝本修订本国仲裁法，各国仲裁法在调整仲裁法律关系上逐渐统一和规范。包括仲裁协议、仲裁庭的组成及权限、仲裁程序的进行，以及法院对仲裁的司法监督等重大问题逐渐得到协调和

---

① 江伟、肖建国：《仲裁法》，中国人民大学出版社 2016 年版，第 201 页。

② 宋连斌：《理念走向规则：仲裁法修订应注意的几个问题》，载《北京仲裁》2004 年第 2 期。

统一。[①]

我国仲裁制度的建立始于20世纪初,那时国内的仲裁制度实质上是一种行政仲裁,由设立在行政机关内部的仲裁机构行使仲裁权,严重违背仲裁民间性、独立性、自愿性等特点。[②] 我国于1995年9月1日正式实施《仲裁法》,用独立的法律统一规定了民商事仲裁的基本原则和制度,在协议仲裁、或裁或诉、一裁终局等制度上与国际商事仲裁制度保持一致,使仲裁回归其民间性本色;这标志着中国仲裁制度的现代化进程正式起步。时至今日,国内仲裁机构的规模以及受案量仍持续高速增长,仲裁的纠纷解决方式越来越受到纠纷主体的认可和青睐,仲裁在我国多元社会纠纷解决体系中占据不可替代的地位。然而,我国作为仲裁领域的后发国家,《仲裁法》规定的现行的仲裁制度远远不能满足今日形势之需要,在诸多方面仍然存在问题:(1)对仲裁协议的规范性要求过于严格。我国《仲裁法》除了要求仲裁协议必须以书面形式订立、必须载明请求仲裁的意思表示和仲裁事项以外,还明确要求选定仲裁机构或仲裁委员会。此举不仅否定了临时仲裁的法律地位,更是没有充分考虑和体谅当事人的仲裁愿望,极易导致将有仲裁意愿的当事人拒之仲裁救济的门外。(2)仲裁司法审查范围过宽。我国法院在审查国内仲裁裁决时,既审查仲裁程序是否正当,亦审查裁决自身是否公正。此种全面监督的做法,严重削弱仲裁的权威性、终局性;由法院再次实体审查仲裁案件,浪费解纷资源,不利于仲裁缓解法院压力作用的发挥。(3)对仲裁程序束缚太多。例如,我国《仲裁法》第45条规定,对于开庭审理的案件,有关证据必须当庭出示并经质证。此类模仿诉讼程序的规定使仲裁程序的刚性有余而柔性不足。仲裁广受人们认可和青睐的很大原因在于其具有的高效性和灵活性的特点,而现行仲裁程序显然无益于这些优势的发挥。(4)法院垄断仲裁保全措施的决定权。正如前所述,仲裁制度本是与民事诉讼并列的纠纷解决机制,然而《仲裁法》未赋予仲裁庭裁断纠纷必备的权力,导致在裁决过程中仲裁庭频频寻求法院权力的帮助,仲裁权的弱小无疑会使未来纠纷当事人在面对仲裁时望而却步。随着十三届全国人大常委会将仲裁法的修改列入立法日程,[③]我国《仲裁法》获得重新在立法上审视自己的机会。近年来,有关《仲裁法》修改的探讨日趋热烈。随着世界各国对仲裁法的改革,我国《仲裁法》也应顺应时代潮流,作出符合现代化、国际化的修改。

三、关于赋权仲裁庭发布仲裁保全决定的价值思考

(一)从加强仲裁庭权力的角度

如果说仲裁协议是仲裁制度的基石,那么仲裁权就是仲裁制度的核心。[④] 仲裁权不是某个具体权力,而是一个集合权力,它包括管辖权、调解权、程序指挥权、事实认定权、裁决权等各种子权力,仲裁权的行使实际上是通过仲裁庭对各个具体的子权力的行使体现出来的。要保障仲裁权的实现,充分的仲裁权力是前提和基础。因此,仲裁庭依据法律的授权在拥有案件受理权、审理权、裁决权等基础权力的同时,还应拥有与作出最终裁决相关的、为最终裁决服务的其他延展权力,包括自裁管辖权、调取证据权、事实判断权、对特殊情况的处理权等自由裁量的权力。仲裁保

---

① 赵秀文:《国际商事仲裁法》,中国人民大学出版社2012年版,第7页。

② 江伟、肖建国:《仲裁法》,中国人民大学出版社2016年版,第41页。

③ 《十三届全国人大常委会立法规划》,载 http://legal. people. com. cn/n1/2018/0908/c42510 - 30280429. html,2020年5月26日最后访问。

④ 乔欣:《仲裁权研究——仲裁程序公正与权利保障》,法律出版社2011年版,第6页。

全决定权显然属于后者，即为终局判决服务的其他权力，因此，从某种意义来说，仲裁保全决定权来自或派生于仲裁权，为仲裁权的最终实现提供实质性的法律保障。

在仲裁权的所有子权力中，仲裁裁决权是仲裁权的核心。仲裁裁决权是仲裁庭对当事人提交的争议，通过行使审理权，作出权威性结论的权力。它又包括中间裁决权、部分裁决权和最终裁决权。中间裁决权又称临时裁决权，是指仲裁庭对仲裁过程中的突发情况作出的暂时性处理的权力。中间裁决是为仲裁庭顺利作出终局裁决创设条件的，一般只处理一些程序性问题，而不针对当事人之间的实体权利义务问题，如对保全措施的决定权即为一种。① 既然仲裁庭可以享有终局裁决权，那么为终局裁决提供便利的中间裁决权由仲裁庭享有也是理所当然的。

换个角度说，仲裁庭发布的保全裁决与仲裁裁决均具有强制执行力，都可以成为执行依据。保全裁定与仲裁裁决的差异仅仅在于保全裁定是暂定性结论，仲裁裁决是终局性结论；保全裁决是对程序性争议的处理，而仲裁裁决是对实体性争议的处理；保全裁决是中间裁决，仲裁裁决是终局裁决。既然仲裁庭作出仲裁裁决的过程无须法院职权的干预，那么仲裁庭发布保全措施也应不受到法院干预。

仲裁权本身是由当事人授权和法律授权共同形成的，仲裁权的行使同样受到当事人授权和法律授权的双重规约。由于当事人意思自治是仲裁制度的首要原则，因此对于仲裁权的形成和行使，当事人的授权有着重要意义，起着重要作用。当事人通过订立有效的仲裁协议授权仲裁庭化解纠纷，从而排除法院的管辖，应当认为当事人是希望仲裁庭能够独立自主地行使仲裁权，而排斥法院权力的参与的。在这层意义上，当事人实际上已经隐形地将决定保全的权力授予仲裁庭行使。当事人授予仲裁庭广泛的权力，是为了达到高效、公正解决纠纷之目的，仲裁庭依据当事人的授权行使仲裁权，是为了体现仲裁充分尊重当事人意愿，是保持仲裁程序灵活性、柔化性必需的。仲裁意思自治原则在法律规范的位阶上，应当高于《仲裁法》和《民事诉讼法》关于由法院行使保全决定权的规定；而且由法院行使保全决定权的法律规范之性质，也不宜解释为强制性规范。② 据此，仲裁庭发布保全决定不仅满足当事人的意思和期待，也是具有理论上的正当性基础的。

鉴于上述分析，仲裁保全决定权为仲裁权所涵摄，是仲裁权不可或缺的重要内容之一，仲裁庭有权自主决定是否发布保全措施以及发布何种保全措施。而我国的仲裁保全制度使仲裁庭在面临当事人的保全申请时束手无策，只能向法院寻求救济，仲裁庭的权力受到法律的严格控制，致使仲裁权过分依赖司法权，不仅减损仲裁解决纠纷功能的实现，而且直接影响人们对仲裁的信心和选择。

（二）从减少司法权对仲裁权干预的角度

国家和社会是两个截然不同的概念。早期在古罗马时代，国家与社会是复合的，近代市民社会脱离政治国家归因于资产阶级市民权利对封建等级领主权利的反抗以及市场经济和契约关系对社会结构和人际关系的改造。

马克思的国家学说对国家和社会的关系发表了经典的论述。他认为，国家的自行消亡必须经历一个由政治国家到非政治国家的漫长的过渡时期。这个过渡是国家权力逐渐回归于社会、

---

①　乔欣：《仲裁权研究——仲裁程序公正与权利保障》，法律出版社 2011 年版，第 228 页。

②　江伟、肖建国：《仲裁法》，中国人民大学出版社 2016 年版，第 245 页。

回归于人民的过程,同时也是消除国家与社会对立的过程。建立无产阶级民主国家,实行人民民主原则,是实现这一政治目标的根本途径。[①] 由此可见,随着我国政府不断推进简政放权和国家权力与社会权力关系逐步理顺,民间社会组织的大量涌现,社会利益呈现多元化,社会主体的自主活动权利得到充分尊重和保护,横向权利和利益关系得到独立、广泛发展。[②] 国家权力向社会权力让渡和转移是一种必然趋势,权力社会化的进程会越发加快。

仲裁是一种社会救济手段,社会救济是依靠社会力量处理社会纠纷的一种方式。这种通过社会权力解决纠纷的方式排斥了国家审判,从而避免公权与私权直接碰撞,更容易促进社会发展和实现社会和谐。在解决纠纷的过程中更侧重于保证当事人的解纷自主性,更体现社会的协商与合作,以维持社会的自发秩序,避免国家对纠纷解决权的垄断。[③] 仲裁权作为一种社会权力,司法权作为一种国家权力,意味着司法权必须尊重而不能干涉仲裁权,必须保护而不能侵犯仲裁权。司法权面对仲裁权要保持谦抑性,其基本界限是不违背独立仲裁和仲裁自治性的原则。在仲裁庭享有案件的绝对管辖权且有能力自己裁决不具备强制性的保全决定的条件下,仲裁庭自己掌握保全决定权本就是理所当然的事情,加之国家权力要让渡于社会权力,法院职权亦不得随意介入仲裁保全程序。

三、对我国仲裁机构创新规则的反思

虽然我国在立法层面坚持法院独占仲裁保全决定权,但为增强仲裁机构的国际竞争力,与国际通行做法保持一致,国内一些著名的仲裁机构创新性的在仲裁规则中赋予仲裁庭发布保全措施的权力。上海国际仲裁中心和中国国际经济贸易仲裁委员会(以下简称贸仲)分别于其《中国(上海)自由贸易试验区仲裁规则(2015 年版)》(以下简称《自贸区仲裁规则》)第 3 章第 18 条及《中国国际经济贸易仲裁委员会仲裁规则(2015 年版)》(以下简称《贸仲规则》)第 23 条第 3 项认可了仲裁庭有决定采取保全措施的权力。此外,北京仲裁委员会、珠海仲裁委员会、深圳国际仲裁院等也在仲裁规则中有类似的规定。但仲裁庭是否真的能决定保全措施呢?在仲裁规则中作如上规定的效力如何呢?

首先,从宏观上看,仲裁规则受制于仲裁法的禁锢。仲裁规则和仲裁法都是调整仲裁程序的规范,但两者在法律效力和适用范围上有明显的区别。仲裁规则不是法律规范,它是由仲裁机构依据本国的仲裁法而制定的。案件适用的仲裁规则由当事人选择确定,可以适用该仲裁机构的仲裁规则,也可以适用其他仲裁机构的仲裁规则,甚至可以由当事人自由约定,仲裁庭必须服从当事人的选择或约定。仲裁法是各国立法机关制定的效力最高的法律规范。原则上当事人也可以选择仲裁程序遵守的法律规范,但实践中当事人选择的情况非常少见,尤其是在国内仲裁中,一般由仲裁庭决定使用仲裁地的仲裁法仲裁。仲裁机构的仲裁规则不能与该国的仲裁立法相抵触,否则仲裁规则不能产生法律效力。因此,尽管我国一些仲裁机构在其仲裁规则中规定仲裁庭有发布保全措施的权力,但是,由于违背了我国《仲裁法》和《民事诉讼法》中的相关规定,即使这些仲裁机构的仲裁庭作出保全决定,也很难得到我国法院的承认与执行。

---

① [德]马克思、[德]恩格斯:《马克思恩格斯选集》(第三卷),中共中央著作翻译局译,人民出版社 1954 年版,第 95 页。

② 马长山:《市民社会理论:法学现代化的重要基点》,载《求是学刊》1999 年第 1 期。

③ 宋明:《纠纷解决与社会和谐——人民调解与公力救济的比较分析》,载《中国社会科学院研究生院学报》2008 年第 2 期。

其次，从微观上看，发布保全措施属于仲裁程序事项，应适用仲裁程序法的相关规则。《贸仲规则》规定①：仲裁庭可以依据所适用的法律决定保全措施。依据该条，仲裁庭决定保全措施的前提是仲裁当事人选择的仲裁程序法不是我国《仲裁法》或者贸仲在我国境外的仲裁。如果当事人没有选择仲裁程序法且仲裁地在我国境内，则以我国仲裁法为程序适用之准据法，仲裁庭仍然只能将保全申请转交人民法院作出裁定。《自贸区仲裁规则》规定②：当事人可以根据执行地国家或地区的法律请求仲裁庭决定是否采取保全措施。这一规定的前提是保全措施的执行地不在我国境内且当事人选择不适用我国仲裁法为程序之准据法且执行地程序法允许仲裁庭决定保全措施。因此，《自贸区仲裁规则》及《贸仲规则》对于仲裁保全决定权之规定的共同限制条件是当事人选择了争议适用的程序法且不是我国仲裁法或者仲裁地在我国境外。然而，无论涉外仲裁还是非涉外仲裁，当事人一般都只对仲裁规则作出选择，而不会选择仲裁法，依据仲裁地仲裁法仲裁是理所当然的事情。因此这些规定看似紧跟潮流，但实际上欠缺可操作性，仍未挣开仲裁法的枷锁。但不可否认的是，这些仲裁机构勇于创新的态度和与国际接轨的精神应当得到肯定。并且这种有益尝试具有重要的现实意义，那就是推动我国《仲裁法》的修改，并为《仲裁法》的修改和完善提供样本、积累经验。

四、修改《仲裁法》时应规定仲裁庭有决定保全措施的权力

（一）重构我国仲裁保全决定权之建议

通过上述分析，笔者主张赋予我国仲裁庭有仲裁保全的审查权和决定权，保全执行权仍由法院专属享有。在权力并行的模式下，以仲裁庭的成功组建进一步划分仲裁庭和法院行使保全决定权的时间界限，具体而言，可从以下几个方面入手：(1)在当事人申请仲裁之前，由于此时纠纷尚未进入仲裁系统，当事人最终会选择何种方式解决纠纷还不能确定，此时采取法院审查保全申请的单轨制做法，可以使保全裁定获得快速、完整的执行。同时应当规定，对于仲裁前的保全申请，法院作出保全裁定时应附有条件，即要求当事人在裁定作出后的合理时间内依据有效的仲裁协议申请仲裁。当事人未在规定时间内申请仲裁，人民法院裁定解除保全措施。由于当事人向法院申请仲裁前保全被裁准后，仍有选择提交仲裁或不提交仲裁的权利，为避免不当的保全措施限制了被申请人对财产的处分或者影响被申请人的正常生活和生产经营，致使被申请人遭受的损失在日后难以获得有效补救，法院有必要命令申请人提供相应担保，申请人应当提供担保，拒绝提供的，人民法院应当驳回保全申请。(2)在当事人申请仲裁以后，仲裁庭组成之前，由于此时仲裁庭作为审查保全申请的主体尚未成功组建，且仲裁庭作出保全决定还有待法院的执行，故赋权当事人直接向有管辖权的法院申请仲裁保全，由法院审查裁定，可以避免组成仲裁庭所耗费的时间，亦有利于保全裁定的快速执行。此时，当事人之间的纠纷已经进入仲裁程序，如果法院的保全裁定错误，被申请人因此遭受的损失也可以通过后续的仲裁裁决获得相应的救济，因此，人民法院可以视情况要求申请人提供担保，被要求的申请人应当提供担保，否则人民法院不予准许

---

① 《贸仲规则》第23条第3项规定："经一方当事人请求，仲裁庭依据所适用的法律或当事人的约定可以决定采取其认为必要或适当的临时措施，并有权决定由请求临时措施的一方当事人提供适当的担保。"

② 《自贸区仲裁规则》第18条规定："当事人可以根据临时措施执行地所在国家/地区的法律向仲裁委员会及/或具有管辖权的法院提出如下一种或数种临时措施的申请：(1)财产保全；(2)证据保全；(3)要求一方作出一定行为及/或禁止其作出一定行为；(4)法律规定的其他措施。"

保全申请。(3)在仲裁庭成功组建之后，当事人则只能向仲裁庭提出保全申请，即采取仲裁庭审查保全的单轨制做法，由仲裁庭决定是否准许保全以及采取何种保全措施。随着仲裁过程的推进，仲裁庭对案件情况有更全面的了解，对采取保全的必要性也有更清晰的判断，由仲裁庭直接作出决定，既符合独立仲裁的要求，使仲裁程序顺利进行，又能够使仲裁庭作出准确判断，有效维护当事人的合法权益。在被申请人对仲裁庭作出的保全决定不服的情况下，可以通过向有关法院申请撤销获得救济机会，但在法院审查撤销申请期间不停止保全措施的执行。(4)在仲裁法中明确法院对仲裁庭发布的保全措施的协助执行安排。法院通过审查—执行的方式进行事后监督。仲裁庭在作出保全决定后，对于情况紧急的，仲裁庭可以直接移送人民法院审查执行，也可以由当事人向有管辖权的人民法院申请执行。人民法院对于执行申请应当在审查后作出是否执行的裁定，对并无违背正当程序和公序良俗原则的保全决定予以支持并协助执行。此举不仅可以达到司法监督仲裁的目的，而且最大限度地减少司法对仲裁的干预，确保仲裁制度的独立运作和健康发展。

（二）进路选择：在《仲裁法》中规定仲裁庭的此项权力以获得最高保障

《仲裁法》的修改迫在眉睫。法律理念是隐藏在法律制度背后的指导思想。我国台湾地区著名法学家史尚宽先生这样谈到法律理念："法律制定及运用之最高原理，谓之法律之理念。"[①]仲裁理念是仲裁制度和仲裁实践所蕴含的内在精神和价值取向，它体现了仲裁立法者和仲裁裁判者对仲裁制度的本质属性及其发展规律的理性认识。在正确的仲裁理念指导下，仲裁制度才得以勃兴。

笔者认为，此次修改《仲裁法》应注重确立以下几个理念：首先，《仲裁法》的修改应贯彻支持仲裁的精神，将支持仲裁的理念提升到法律规则的层面。支持仲裁是仲裁发展的基本立场。独立仲裁是支持仲裁的关键所在。回首我国仲裁制度的发展，对仲裁权的独立行使存在诸多束缚。支持仲裁的基本要求体现在法院和仲裁的关系上，做到以仲裁独立自主为本位，司法要给予仲裁最大的自由，最少的干预。[②] 其次，仲裁制度要发扬自身的特质和优势。仲裁有今日之成就，正是因为其克服了诉讼固有的复杂、拖沓、僵硬等弊端。只要立法倾向于开拓仲裁的高效性、灵活性、经济性、终局性、当事人自治性，未来仲裁在解决国际商事争议中必将成为一枝独秀。再次，仲裁应强化当事人意思自治的理念。仲裁制度服务于市场经济，服务于市场主体。意思自治是市场经济的内在要求与本质特征之一。在整个仲裁的纠纷解决过程中，最大限度地尊重和满足当事人的意愿，与市场经济的精神保持一致，是仲裁现代化的应有之义。最后，仲裁改革要以提高国际认同为目标。仲裁是商品经济发展的产物，随着经济全球化趋势的不断增强，在便利商事主体间解决争议上，仲裁天生具有国际性。仲裁规则的趋同化是必然趋势。实现这一目标的简便之策就是借鉴《示范法》的规定，根本之策就是将仲裁国际化的理念优先体现在即将修改的法律规则上。伴随2018年《第十三届全国人大常委会立法规划》的公布，《仲裁法》的修改指日可待。将"仲裁庭决定仲裁保全的权力"纳入未来修改的《仲裁法》已经被学界广泛接受。在修改的《仲裁法》赋予仲裁庭保全决定的权力之后，仲裁庭可以依据效力其直接发布保全措施，进一步体现出

① 史尚宽：《法律之理念与经验主义法学之综合》，载刁荣华主编、潘维和等著：《中西法律思想论集》，台北，汉林出版社1984年版，第259页。

② 宋连斌：《理念走向规则：仲裁法修订应注意的几个问题》，载《北京仲裁》第2004年第2期。

司法支持仲裁、独立自主仲裁的价值理念，有利于实现仲裁当事人在我国与国外申请保全措施和获得法院协助执行时享有同等的权利，保障仲裁庭发布的保全措施的国内外执行力，提升中国仲裁业在国际上的被认同度。

五、结语

法律是社会关系的调解器，这是法的基础作用；法是社会财富的创造者，这是法的终极作用。我们往往看到了经济基础对法的决定作用，而忽略了法对经济基础的反作用。在现代社会发展仲裁，绝不仅仅是为化解社会矛盾，恢复社会井然有序增加一种有效途径，更大的意义在于让未来的仲裁制度更好地服务于市场经济的发展和社会自治体系的完备。发展的实质是旧事物到新事物的变化动态过程，在这个过程中，需要淘汰那些不适应的、违背规律的旧元素，增加那些与时俱进的、实事求是的新元素。与此相对应，发展仲裁的过程，就是去除仲裁制度中僵硬的、低效的、强制的元素，添加灵活的、高效的、自治的元素。

我国《仲裁法》即将迎来新的春天，法律修改是通往法律完善之路。通过修改《仲裁法》明确规定仲裁庭享有保全决定权为该制度之合法化的最优路径。相信在不久之后，由仲裁庭决定保全的制度将会“千呼万唤始出来”，从理念走向立法。对这一问题国内学者专家进行了深入研究，提出了诸多真知灼见，笔者此文的探讨，仅仅是某种意义上的重申，期盼为推动我国《仲裁法》的加速修改和中国仲裁事业迈向新高度尽绵薄之力。

An Analysis of Empowering the Arbitral Tribunal to Preservation Decision
——From the Perspective of Amendment of the Arbitration Law

By Fang Xin

Abstract: According to the current provisions of the law, the right of review, adjudication and execution of arbitration preservation shall be exercised by the people's court. These provisions reflect the legislative tendency of the law to control the right of arbitration, which is contrary to the basic concept of independent and autonomous arbitration, and is seriously disconnected from the Model Law and other national arbitration laws. The arbitration rules of domestic arbitration institutions establish that the arbitral tribunal has the power to preserve the decision and there is a significant conflict with existing laws. In the future revision of the Arbitration Act, the arbitral tribunal should be given the power to decide on protective measures.

Key Words: arbitration preservation; decision - making power; arbitration rules; amendment of arbitration law

（责任编辑：马 婷）

探索与研究

我国与“21 世纪海上丝绸之路”沿线国家海事争议解决路径选择*

——诉讼的困境和仲裁的优势

邓　杰**

内容摘要　囿于司法主权及我国与“21 世纪海上丝绸之路”沿线国家双边或多边司法合作机制的有限性,我国与沿线国家海事争议通过诉讼解决面临诸多困境。最高人民法院国际商事法庭引入的创新机制虽有助于缓解这一困境,但仍有局限尚待突破,其多元化争议解决机制亦更强调发挥仲裁的作用。依托仲裁的固有优势,通过仲裁解决我国与沿线国家海事争议不仅被国家顶层设计肯定,亦被国际社会尤其沿线国家广泛接受。上海借助自贸区谋求打造面向全球的亚太仲裁中心开展的先行先试,更为仲裁的优势发挥及其作为解决我国与沿线国家海事争议的必然选择提供了实践支撑。

关键词　“21 世纪海上丝绸之路”　海事争议解决　海事诉讼　海事仲裁

近年来,国际航运中心不断东移,我国正面临从海运大国向海运强国转变的重要历史机遇。作为新时期国家战略“一带一路”重要组成部分的“21 世纪海上丝绸之路”,是我国向海开辟和延伸的重要国际通道和贸易之路,更是“海洋强国”战略实施的重要路径和实践平台。

在推进“21 世纪海上丝绸之路”建设的过程中,我国与沿线国家之间海事争议的产生不可避免。如何通过恰当的争议解决路径有效应对、及时化解,为沿线各国间更紧密的海上合作打造良好的法治环境,护航国家战略的顺利实施,无疑是当下一个不容回避的重要课题。本文拟从分析我国与“21 世纪海上丝绸之路”沿线国家海事典型案例入手,通过比较和揭示诉讼解决我国与沿线国家海事争议面临的困境及仲裁表现出来的优势,试图为我国与沿线国家海事争议解决路径的恰当选择提供理论依据和实践指引。

一、诉讼抑或仲裁:我国与“21 世纪海上丝绸之路”沿线国家

(一)海事典型案例解析

一直以来,国际上用于解决海事争议的法律手段主要有两种——诉讼和仲裁,在海事领域即

* 基金项目:上海市哲学社会科学规划课题(2018BFX014)“21 世纪海上丝绸之路”建设背景下打造上海国际海事仲裁中心研究;教育部人文社会科学研究项目(20YJA820006)“21 世纪海上丝绸之路”沿线国家海事争议多元化解决机制构建研究。

** 邓杰,上海师范大学教授,法学博士、博士后,主要从事国际私法研究。

海事诉讼和海事仲裁。“21 世纪海上丝绸之路”沿线国家数量多,[①]法律制度殊异、海事争议复杂,是通过诉讼还是仲裁予以解决,无疑应结合海事争议的特点和当事人的实际需求以及我国与沿线国家在司法、仲裁领域的合作现状,作出恰当的选择。从最高人民法院先后发布的涉“一带一路”典型案例[②]和海事典型案例[③]及上海海事法院率先发布的涉“一带一路”十大海事典型案例[④]来看,相比于仲裁,将海事争议提交诉讼解决遭遇的困难要多得多,实践中法官更愿意通过各种灵活方式予以化解或回避,并积极支持争议通过仲裁得到解决。

(二)几个代表性的典型案例

1. 德国航运贷款银行诉艾斯姆阿明航运有限公司、舍库萨格凯斯航运有限公司船舶权属纠纷案[⑤]

2007 年,德国航运贷款银行与马耳他阿明航运公司签订贷款协议,向阿明航运公司提供贷款融资购买船舶“阿明 2”轮。阿明航运公司以“阿明 2”轮作为担保,与航运贷款银行签订抵押协议并办理了第一顺位船舶抵押权登记。其后,阿明航运公司未经航运贷款银行同意将船舶转让给伊朗的舍库萨格凯斯航运公司。2013 年 11 月 4 日,航运贷款银行向厦门海事法院申请扣押停泊于漳州港的“阿明 2”轮。厦门海事法院经审查后,裁定准许该诉前财产保全请求,扣押“阿明 2”轮,并责令阿明航运公司提供担保。在诉讼过程中,因阿明航运公司不能提供担保,厦门海事法院根据航运贷款银行的申请,依法公开拍卖“阿明 2”轮。此后,经法院主持,各方当事人达成和解,由厦门海事法院出具民事调解书,并停止、撤回了在其他国家、地区展开的相关司法程序。

该案中,各方当事人均为外国公司且案件事实发生在境外,但原告德国公司主动选择在我国扣押船舶、进行诉讼。海事法院充分尊重外方当事人协议选择司法管辖的权利,审慎处理平行诉讼问题,并通过调解促成了包括本案在内所有相关纠纷的全部解决。

2. 哈皮那船舶公司与江苏天元船舶进出口有限公司、江苏新扬子造船有限公司和扬子鑫福造船有限公司船舶建造合同纠纷案[⑥]

2013 年年底至 2014 年 6 月,希腊卡迪夫海事有限公司以其设立的包括哈皮那公司在内的 6 家单船公司名义,与扬子江船业(控股)有限公司旗下的天元公司、新扬子公司、扬子公司等分别签订 6 份船舶建造协议。双方除第一艘船舶正常交接外,其余 5 艘船舶均存在争议。在武汉海事法院的主持下,双方当事人达成和解。该案调解协议达成并履行后,卡迪夫海事有限公司和扬子

① 按照新华丝路网(“一带一路”国家级信息服务平台)发布的 21 世纪海上丝绸之路线路图的标注,“21 世纪海上丝绸之路”沿途经过的国家多达 20 余个,主要包括韩国、日本、马来西亚、印度尼西亚、泰国、菲律宾、新加坡、文莱、越南、老挝、缅甸、柬埔寨、印度、巴基斯坦、孟加拉国、斯里兰卡、沙特阿拉伯、阿联酋、土耳其、科威特、埃及、肯尼亚、坦桑尼亚、希腊、意大利等,参见 https://www.imsilkroad.com/news/p/397932.html,2020 年 3 月 28 日最后访问。基于共建“一带一路”倡议的开放性,参与合作的国家将会越来越多,为论述方便,本文考察的沿线国家将主要限定在上述 25 国范围内。

② 最高人民法院先后发布 2 批涉“一带一路”典型案例:2015 年 7 月 7 日发布第一批共计 8 件典型案例,2017 年 5 月 15 日发布第二批共计 10 件典型案例。

③ 最高人民法院先后发布 2016 年、2017 年和 2018 年十大海事典型案例。

④ 参见《上海海事法院首发涉“一带一路”海事审判白皮书》,载中华人民共和国上海海事法院:http://shhsfy.gov.cn/hsfyytwx/hsfyytwx/xwzx1340/xwfb1440/2018/08/09/2c938099651d8cbc01651f6c095c044d.html,2020 年 3 月 28 日最后访问。

⑤ 最高人民法院 2016 年十大海事典型案例,载最高人民法院网:http://www.court.gov.cn/zixun-xiangqing-42642.html,2020 年 3 月 29 日最后访问。

⑥ 最高人民法院 2017 年十大海事典型案例,载最高人民法院网:http://www.court.gov.cn/zixun-xiangqing-111541.html,2020 年 3 月 29 日最后访问。

江船业（控股）有限公司等相关当事人，按照该案调解模式，就其他船舶建造合同项下的纠纷，也分别达成调解协议并实际履行。

3. 大宇造船海洋株式会社诉西达克凌公司船舶抵押合同纠纷案①

大宇造船与利比里亚 JE 公司签订《船舶建造合同》，JE 公司为买方，大宇造船为建造方。履约过程中，买方变更为马绍尔群岛的西象公司，巴拿马的西达克凌公司作为船舶所有人，加入履行买方义务。三方随后在英国伦敦签订抵押合同，约定西达克凌公司以其所有的“金鹅”轮分别为付款义务及产生的相关费用提供第一、第二优先受偿抵押担保，并在巴拿马办理了船舶抵押登记。其后因“金鹅”轮被青岛海事法院扣押并拍卖，大宇造船进行了债权登记并提起确权诉讼。

青岛海事法院经确权诉讼程序审理后认为，依照《海商法》第 269 条、第 271 条的规定，涉案船舶抵押合同及船舶抵押权均应适用巴拿马法律。根据巴拿马法律的相关规定，双方当事人签订了抵押合同并办理了抵押登记，大宇造船享有船舶抵押权。相关主债权已被伦敦仲裁裁决予以确认，且该仲裁裁决已由青岛海事法院裁定予以承认。青岛海事法院终审判决大宇造船对西达克凌公司所有的“金鹅”轮享有 580 万美元的第一优先船舶抵押权，可自“金鹅”轮的拍卖价款中依法受偿。

4. 大宇造船海洋株式会社申请承认外国仲裁裁决案②

大宇造船作为建造方与 JE 作为买方签订船舶建造合同，约定该合同项下的纠纷按照 1996 年《英国仲裁法》在英国伦敦提交仲裁解决。后大宇造船与 JE、西象公司签订合同主体变更协议，两协议均约定任何因协议所产生的纠纷应依照前述船舶建造合同仲裁条款进行仲裁。其后因未收到造船款，大宇造船在伦敦对西象公司和西达克凌公司提起仲裁。大宇造船指定的独任仲裁员作出仲裁裁决，支持大宇造船的请求，大宇造船向青岛海事法院申请承认该仲裁裁决。

青岛海事法院认为，大宇造船提交的我国有资质的翻译公司及翻译员翻译的中文译文符合《承认及执行外国仲裁裁决公约》（以下简称《纽约公约》）规定的形式要求；涉案合同主体变更协议及补充协议均明确约定并入仲裁协议，适用英国法在伦敦仲裁，属于以书面形式达成了有效的仲裁协议；独任仲裁员的委任程序以及仲裁送达程序符合 1996 年《英国仲裁法》的规定；承认或执行该项仲裁裁决，不与我国的公共秩序或法律相抵触。因此，该伦敦海事仲裁裁决不存在《纽约公约》规定拒绝承认的情形，应予承认。

5. 约布卢门撒尔公司申请承认和执行外国仲裁裁决案③

2006 年 11 月 30 日，申请人约布卢门撒尔公司与被申请人熔盛公司、西飞公司签订 H1066 号船舶建造合同，约定合同项下任何争议提交伦敦海事仲裁员协会按其仲裁规则在伦敦仲裁，合同适用英国法并依英国法解释。此后，当事人在履行合同过程中产生纠纷，申请人依仲裁条款向伦敦海事仲裁员协会申请仲裁，仲裁庭于 2014 年 12 月 2 日作出裁决。2014 年 5 月，被申请人西飞公司被我国法院裁定宣告破产清算，另一被申请人熔盛公司在上海设有分公司且仍处于存续状

---

① 最高人民法院 2017 年十大海事审判典型案例，载最高人民法院网：http://www.court.gov.cn/zixun－xiangqing－111541.html，2020 年 3 月 29 日最后访问。

② 最高人民法院 2016 年十大海事典型案例，载最高人民法院网：http://www.court.gov.cn/zixun－xiangqing－42642.html，2020 年 3 月 29 日最后访问。

③ 参见《上海海事法院涉“一带一路”审判情况及十大典型案例通报（2017）》，第 30～31 页，载中华人民共和国上海海事法院：http://shhsfy.gov.cn/hsfyytwx/hsfyytwx/spdy1358/hsspbps1434/web/viewer.html? file=../2017.pdf，2020 年 3 月 30 日最后访问。

态。2015 年 12 月 9 日，申请人向上海海事法院申请承认和执行该裁决。

法院经审查认为，裁决未涉及仲裁协议所没提及或不包括的争执，亦未涉及对仲裁协议范围以外事项的决定，两被申请人均已收悉裁决。被申请人宣告破产不构成其没有被给予适当通知或不能对案件提出意见之情形，且实体问题和实际执行等问题均不属于申请承认和执行外国海事仲裁裁决案件之审查范围，亦无其他证据证明存在符合《纽约公约》第 5 条所规定的可以拒绝承认和执行的其他情形。综上所述，法院依法裁定承认和执行了该项裁决。

（三）争议解决实践中诉讼困境和仲裁优势的显现

通过上述典型案例，不难发现，我国与沿线国家的海事争议，既有提交诉讼解决的，也有通过签订仲裁协议提交仲裁解决的。若提交诉讼解决，由于案件具有国际性或涉外性，则须协调解决从法院管辖权到判决承认与执行整个诉讼过程中遇到的所有问题。各国间如果缺乏彼此缔结或共同参加的国际条约，上述各项问题中的法律冲突将难以解决。例如，在上述德国航运贷款银行船舶权属纠纷案中，管辖权是基于当事人的协议选择确定的，从而避开了管辖权冲突协调的难题；在大宇造船海洋株式会社船舶抵押合同纠纷案中，法院依我国冲突规范的指引，查明并适用了巴拿马法律。任何一个问题未能解决，诉讼都将难以有效推进。

若提交仲裁解决，基于仲裁的协议性，则诉讼中面临的管辖权冲突、文书送达和域外取证及准据法确定和查明的困难、判决承认与执行的不确定等棘手问题，在仲裁中要么根本不会产生，如管辖权冲突；要么通过当事人的协商安排可轻松化解，如文书送达、域外取证及法律适用。至于仲裁裁决的承认和执行，则不仅有当事人自觉履行的合作基础，更有《纽约公约》对跨国执行的司法保障。仅从上述案例来看，已不难觉出仲裁在解决沿线国家海事争议中的有效运用，同时也能看到法院对仲裁的尊重和支持，尤其各国在《纽约公约》的凝聚和昭示下，在仲裁领域的国际合作稳定而顺畅，为仲裁提供了坚实可靠的法律保障。

此外，为缓解和克服诉讼解决争议的各种困境，法院总是不失时机地通过调解促成当事人达成和解，巧妙运用诉讼外争议解决机制灵活处理案件，尽显“东方经验”的优势。例如，上述德国航运贷款银行船舶权属纠纷案、哈皮那船舶公司船舶建造合同纠纷案等即是如此，而这无疑都显示诉讼并非解决沿线国家海事争议的理想路径。

总体来讲，若将沿线国家海事争议提交诉讼解决，面临的法律障碍要多得多。囿于国家主权，国际民商事诉讼要顺利进行，须有各国间必要的司法合作为基础，须有相应的国际条约协调或排除法律冲突问题，否则诉讼从启动到推进都将困难重重。而若通过仲裁解决，则要轻松容易得多。仲裁作为一种民间的争议解决方式，不关乎主权，只关切当事人的意愿或协议，加之有强大的《纽约公约》为后盾，[①]诉讼中可能遇到的各种障碍在仲裁中都将遁于无形或轻松化解。

二、我国与“21 世纪海上丝绸之路”沿线国家海事争议诉讼解决的困境

自近代以来，诉讼已成为各国解决民商事争议最常规和最传统的法律途径。然而，由于司法权源于国家主权，其天生具有的本土性和保守性使各国在司法领域的协调与合作非常艰难，为国

① 截至成文时，加入《纽约公约》的成员国已达 164 个。参见 https://uncitral.un.org/en/texts/arbitration/conventions/foreign_arbitral_awards/status2，2020 年 7 月 12 日最后访问。

际民商事争议通过诉讼解决带来了很大的限制和困扰。这主要表现为各国在协调法院管辖权冲突、开展域外文书送达和调查取证、确定法律适用及承认和执行域外判决等问题上,因受制于国家主权而常常陷入司法困境。

2018年6月29日,我国最高人民法院第一国际商事法庭、第二国际商事法庭分别在深圳和西安揭牌成立并开始正式办公。其中,深圳第一国际商事法庭直接面向和服务于“21世纪海上丝绸之路”沿线国家的争议解决,为“21世纪海上丝绸之路”建设提供更强有力的司法保障和支持。但是,从两个国际商事法庭目前的制度、机制及运行来看,能在多大程度上有助于克服或缓解诉讼解决沿线国家海事争议可能面临的各种困境,仍有待观察。

(一)协调法院海事管辖权冲突的困境

在解决涉外海事争议的海事诉讼中,首先遇到并需妥善解决的就是国际海事管辖权问题。自20世纪中后期以来,各国国际民商事管辖权制度的趋同化日益加快,合理分配国际民商事管辖权渐成各国共识,管辖权的确定标准和行使方式日趋合理和统一,但在一向被认为统一化程度较高的海事领域,国际海事管辖权制度的现代化和趋同化却裹足不前、明显滞后。这既有管辖权冲突发生机理复杂、特殊等方面的原因,也有国际协调艰困不畅等方面的原因。

具体到我国与沿线国家之间海事案件管辖权的确定,由于既关乎当事人的利益,更关乎一国主权、海洋权益、航运事业以及国际贸易的发展等重大问题,不仅冲突尖锐,更难以协调。

1. 国内法上宽泛扩张的管辖权连结点

由于彼此政治、经济、社会、文化、法律传统殊异,尤其是对海事活动特殊性的认识及各自航运业发展水平不同等多方面因素,各国在构建本国国际海事管辖权制度时采取了不同模式。[①] 同时,由于海事活动以船舶为中心所具有的国际流动性以及海事领域主权的敏感性、扩张性,各国尤其是普通法系国家纷纷确立了以实际控制理论为基础的对物诉讼管辖权制度(in rem jurisdiction),并采纳了宽泛的管辖权连结点,而这又为当事人择地行诉提供了机会。

与国际社会各国国际海事管辖权冲突的产生无异,我国与沿线国家也因为采纳了宽泛的管辖权连结点并为当事人创造了择地行诉的机会而使海事管辖权冲突频繁产生。在“21世纪海上丝绸之路”和建设海洋强国的战略背景下,我国更加重视海事诉讼管辖权制度的健全和完善。除2000年《海事诉讼特别程序法》、2003年最高人民法院《关于适用〈中华人民共和国海事诉讼特别程序法〉若干问题的解释》、2015年最高人民法院《关于适用〈中华人民共和国民事诉讼法〉的解释》(以下简称《关于适用民事诉讼法的解释》)、2017年《民事诉讼法》已就海事诉讼管辖权作出的规定外,最高人民法院近年来又频频出台司法解释,[②]一方面完善了海事管辖权制度,另一方面也加强了对海事案件的管辖。例如,自2016年3月1日起施行的最高人民法院《关于海事法院受理案件范围的规定》相比于2001年最高人民法院《关于海事法院受理案件范围的若干规定》,就大大扩展了海事法院受理案件的范围。

2. 国际协调的艰困和滞后

针对我国与“21世纪海上丝绸之路”沿线国家海事管辖权冲突的解决,能采取的国际协调手

① 主要有统一型、独立型和混合型。参见贺万忠:《国际海事诉讼管辖权问题研究》,世界知识出版社2008年版,第6~9页。

② 例如,自2016年3月1日起施行的最高人民法院《关于海事诉讼管辖问题的规定》和最高人民法院《关于海事法院受理案件范围的规定》,自2016年8月2日起施行的最高人民法院《关于审理发生在我国管辖海域相关案件若干问题的规定(一)》和最高人民法院《关于审理发生在我国管辖海域相关案件若干问题的规定(二)》。

段无外乎两种,一是沿线各国共同参加的国际条约的多边协调;二是我国与有关国家缔结的双边条约的双边协调。但从目前来看,无论采取哪种手段,情况似乎都不容乐观。

(1)关于多边协调

由于普遍性管辖权条约如2005年《选择法院协议公约》将海事事项排除在外,①各国海事管辖权冲突的多边协调主要依赖于各个领域签订的海事条约中关于国际海事管辖权的统一规定,即尚停留在碎片化的局部协调阶段。目前,这类条约主要有1952年《统一海船扣押某些规定的国际公约》、1952年《船舶碰撞民事管辖权某些规定的国际公约》、1962年《核动力船舶经营人责任公约》、1969年《国际油污损害民事责任公约》及其后的修正议定书、1974年《海上旅客及其行李运输雅典公约》及其后的修正议定书、1977年《统一船舶碰撞民事管辖权、法律选择、判决承认与执行若干规定的国际公约(草案)》、1978年《汉堡规则》、1999年《国际扣船公约》以及2008年《鹿特丹规则》等。其中,1962年《核动力船舶经营人责任公约》尚未生效;1977年《统一船舶碰撞民事管辖权、法律选择、判决承认与执行若干规定的国际公约(草案)》尚是草案,并不能为各国所用,充其量只反映了各国协调海事管辖权冲突的愿望和试图采取的统一方案;2008年《鹿特丹规则》亦尚未生效。

上述公约中,我国已加入并对我国生效的只有《修正1969年国际油污损害民事责任公约的1992年议定书》、1974年《海上旅客及其行李运输雅典公约》及《修正1974年海上旅客及其行李运输雅典公约的1976年议定书》。同为《修正1969年国际油污损害民事责任公约的1992年议定书》缔约国的沿线国较多,有文莱、柬埔寨、泰国、埃及、印度、印度尼西亚、马来西亚、缅甸、巴基斯坦、菲律宾、新加坡、斯里兰卡、土耳其、越南、希腊、意大利、日本、科威特、韩国、沙特阿拉伯、阿联酋、坦桑尼亚、肯尼亚23国;同为1974年《海上旅客及其行李运输雅典公约》缔约国的沿线国则只有埃及和沙特阿拉伯2国;而同为《修正1974年海上旅客及其行李运输雅典公约的1976年议定书》缔约国的沿线国则只有沙特阿拉伯1国。② 由此,能用于协调我国与沿线国家海事管辖权冲突的多边条约还非常有限,所谓的多边协调尚处在起步阶段。

(2)关于双边协调

截至目前,在"21世纪海上丝绸之路"沿线25个国家中,与我国已签订双边民商事司法协助协定的国家只有11个,即土耳其、埃及、泰国、老挝、越南、新加坡、意大利、希腊、韩国、阿联酋、科威特。在这11个双边协定中,只有6个对被请求国法院审查请求国法院管辖权规定了统一规则和标准,③这些协定均未区分海事事项与其他民商事事项而对其管辖权问题作不同处理,也未刻意将海事事项排除在协定适用范围之外,因而可以认定这些协定中统一的管辖权规则也是适用于承认和执行海事判决时所作的管辖权审查的。但是,从上述我国已加入并对我国生效的6个协定相关条款的具体规定来看,所采纳的管辖权连结点完全没有体现海事案件的特点,并不适合调整海事诉讼间接管辖权问题。由此,试图通过与沿线国家签订的双边司法协助协定协调彼此海事诉讼管辖权的冲突似乎并不现实,至少在目前是如此。

---

① 按照该公约第2条第2款第6项、第7项的规定,有关海事事项,包括旅客和货物运输、海洋污染、海事赔偿责任限制、共同海损以及紧急拖船和救助等事项,均被排除出了公约的适用范围。

② See IMO, Status of IMO Treaties (2020), http://www.imo.org/en/About/Conventions/StatusOfConventions/Documents/Status%20-%202020.pdf, Apr. 3, 2020.

③ 即我国与埃及、老挝、越南、意大利、阿联酋、科威特分别签订的双边民商事司法协助协定。

综上所述,面对国内法上宽泛扩张的海事管辖权引发的冲突,我国与沿线国家之间有效的国际协调机制远未建立起来,大大滞后于实践的发展,而囿于国家主权等诸多因素,无论是多边协调还是双边协调,其艰困都不容小觑。

(二)域外文书送达及调查取证的困境

1. 域外文书送达法律冲突的协调困境

由于各国对文书送达性质认识的根本不同及具体送达制度的差异,各国在域外送达问题上的法律冲突亦不可避免。目前各国协调送达冲突主要通过彼此签订或共同参加的国际条约来进行的,我国与沿线国家协调海事诉讼中域外送达冲突亦是如此,但面临的困难和障碍则不容回避。

(1)多边条约的协调困境

多年来,各国域外文书送达不畅、送达不能、送达低效甚至无效,已成为拖累和困扰国际民商事诉讼的软肋,也暴露了各国司法合作的艰难和滞后。为此,海牙国际私法会议率先针对域外文书送达所存在的困境制定推出了专门性的国际条约——1965 年《关于向国外送达民事或商事司法文书和司法外文书公约》(以下简称《海牙送达公约》),旨在通过建立一套统一的域外文书送达制度和机制,简化、便利和促进各国之间在送达事宜上的沟通与合作,消除国际民商事诉讼中的送达障碍。①

我国早在 1991 年 3 月 2 日就已批准加入《海牙送达公约》,②并在 1992 年 3 月 4 日由最高人民法院、外交部、司法部联合发布了《关于执行〈关于向国外送达民事或商事司法文书和司法外文书公约〉有关程序的通知》。然而,目前已加入公约的沿线国家为数并不多,只有埃及、土耳其、印度、巴基斯坦、斯里兰卡、越南、希腊、意大利、韩国、日本、科威特 11 国,这使公约能发挥的效用大打折扣。同时,《海牙送达公约》还允许缔约国对有关条款提出保留,更进一步限制了公约在我国与沿线缔约国之间的效用,而我国在批准加入公约时亦作出了相关声明和保留。③ 此外,《海牙送达公约》还在第 13 条规定了公共秩序保留制度,允许缔约国在违反内国公共秩序的情况下排除公约的适用、拒绝请求国的文书送达请求,而我国《民事诉讼法》第 276 条恰对此作了明确规定,即外国法院请求包括文书送达在内的司法协助事项有损于我国主权、安全或社会公共利益的,法院不予执行。

(2)双边条约的协调困境

如前所述,我国已与 11 个沿线国家签订了双边司法协助协定,除我国与埃及、希腊之间的双边协定将两国之间的文书送达事宜委诸《海牙送达公约》调整外,④其余 9 个协定均对该问题作出了明确具体的规定。但由于目前与我国签订双边司法协助协定的沿线国数量有限,双边条约在协调我国与“21 世纪海上丝绸之路”沿线国家文书送达冲突方面的效用亦非常有限。同时,与

---

① 截至成文时,公约成员国已达 77 个。载 https://www.hcch.net/en/instruments/conventions/status-table/? cid=17,2020 年 7 月 12 日最后访问。

② 参见全国人民代表大会常务委员会《关于批准加入〈关于向国外送达民事或商事司法文书和司法外文书公约〉的决定》。公约已于 1992 年 1 月 1 日对我国生效。

③ 参见全国人民代表大会常务委员会《关于批准加入〈关于向国外送达民事或商事司法文书和司法外文书公约〉的决定》。

④ 参见《中华人民共和国和阿拉伯埃及共和国关于民事、商事和刑事司法协助的协定》第 14 条、《中华人民共和国和希腊共和国关于民事和刑事司法协助的协定》第 14 条。

《海牙送达公约》一样,上述协定均规定了公共秩序保留制度,进一步限制了协定所能发挥的效用。

(3)互惠送达的困境

由于大多数"21 世纪海上丝绸之路"沿线国与我国不存在双边司法协助协定和多边送达条约关系,很多情况下彼此间的文书送达陷入国际协调无法可依的困境。对此,实践中各国通常是基于国际礼让,按互惠原则协调合作的,我国也不例外。我国《民事诉讼法》第 276 条第 1 款即规定,根据我国缔结或参加的国际条约,或按照互惠原则,人民法院和外国法院可以相互请求,代为送达文书、调查取证以及进行其他诉讼行为。2015 年最高人民法院《关于人民法院为"一带一路"建设提供司法服务和保障的若干意见》(以下简称《司法服务和保障意见》)第 6 条甚至规定:"要在沿线一些国家尚未与我国缔结司法协助协定的情况下,根据国际司法合作交流意向、对方国家承诺将给予我国司法互惠等情况,可以考虑由我国法院先行给予对方国家当事人司法协助,积极促成形成互惠关系,积极倡导并逐步扩大国际司法协助范围。"这的确是一种全新的思维和方案,体现了我国的大国情怀和更积极的司法理念。但不可否认的是,与条约或协定相比,互惠的建立和实施充满了不确定性,且非一日之功。同时,即便互惠得以形成,各国相互请求司法协助时仍须受公共秩序审查的限制,一如前述我国《民事诉讼法》第 276 条的规定。

2. 域外调查取证法律冲突的协调困境

在诉讼中,与文书送达一样,调查取证也是一个必不可少的程序环节,在程序上和实体上都有重要的功能和价值。各国尤其是两大法系国家由于法律传统、诉讼模式的不同,对调查取证的性质的认识相距甚远,在取证范围、取证方式等制度上也多有差异,使域外调查取证难免产生法律冲突,需通过恰当的方式予以协调,以确保国际民商事诉讼顺利有效地进行。从我国与沿线国家海事诉讼域外调查取证国际协调的现状来看,无论是多边协调还是双边协调都还不尽如人意。

(1)多边条约的协调困境

继通过制定多边条约协调域外文书送达冲突之后,海牙国际私法会议又积极跟进推出了专门性的取证公约——1970 年《关于从国外调取民事或商事证据的公约》(以下简称《海牙取证公约》),同样得到了国际社会的认可和欢迎。[①] 我国早在 1997 年 7 月 3 日就已加入该公约。[②] 按照我国《民事诉讼法》第 276 条第 1 款的规定,《海牙取证公约》便成为我国与同为公约缔约国的"21 世纪海上丝绸之路"沿线国家之间开展域外调查取证协调与合作的重要法律依据。

不过,从目前来看,已加入公约的沿线国家数量非常少,只有新加坡、印度、斯里兰卡、土耳其、越南、希腊、意大利、韩国、科威特 9 国。同时,公约亦允许缔约国声明保留,更进一步限制了该公约在我国与沿线缔约国之间的效用,而我国在加入该公约时提出了两项保留。[③] 此外,《海牙取证公约》还在第 12 条规定了公共秩序保留制度,即与前述《海牙送达公约》一样,为我国与同为缔约国的沿线国之间相互以违反内国公共秩序为由排除公约的适用、拒绝对方调查取证的请求保留了机会。

---

① 截至成文时,《海牙取证公约》成员已达 63 个,载 https://www.hcch.net/en/instruments/conventions/status-table/print/? cid=82,2020 年 7 月 12 日最后访问。

② 全国人民代表大会常务委员会为此通过了《关于我国加入〈关于从国外调取民事或商事证据的公约〉的决定》,公约已于 1998 年 2 月 6 日对我国生效。

③ 参见全国人民代表大会常务委员会《关于我国加入〈关于从国外调取民事或商事证据的公约〉的决定》。

（2）双边条约的协调困境

如前所述，我国已与 11 个“21 世纪海上丝绸之路”沿线国家签订了双边司法协助协定。从各协定内容来看，均对调查取证问题作出了明确具体的规定。但一如前述域外文书送达所遭遇的困境，由于目前与我国已签订双边司法协助协定的沿线国数量有限，因而在协调我国与沿线国家调查取证冲突方面的效用亦非常有限。同时，与《海牙取证公约》一样，上述协定均规定了公共秩序保留制度，进一步限制了协定所能发挥的效用。

（3）互惠取证的困境

如前所述，由于与我国存在双边司法协助协定和多边取证条约关系的国家非常少，很多情况下彼此间的调查取证陷入国际协调无法可依的困境。而按照我国《民事诉讼法》第 276 条第 1 款、2015 年《司法服务和保障意见》第 6 条的规定，在这种情况下，人民法院和外国法院可按照互惠原则相互请求，开展代为调查取证等司法协助事宜。而且，针对“21 世纪海上丝绸之路”沿线国家还可更主动地采取先行给惠的方式促成互惠关系的建立和形成。不过，亦如前述，囿于互惠原则本身的局限性及公共秩序审查的限制，要真正改善与沿线国家司法协助的困境尚需时日。

（三）确定法律适用的困境

由于海事案件多具涉外性，常常要面对法律适用冲突。如果基于当事人选择或冲突规则的指引需以外国法为准据法，则需首先查明该外国法是否存在、具体内容如何。在我国，对于外国法的查明，一直未在立法上作出明确规定。《涉外民事关系法律适用法》第 10 条首次作出规定：涉外民事关系适用的外国法由人民法院、仲裁机构或行政机关查明，当事人选择适用外国法的，应提供该国法；不能查明外国法或该国法没有规定的，适用中国法。鉴于上述规定较为抽象和原则，2012 年最高人民法院《关于适用〈中华人民共和国涉外民事关系法律适用法〉若干问题的解释（一）》第 17 条进一步作了补充和细化：法院通过由当事人提供、已对我国生效的国际条约规定的途径、中外法律专家提供等合理途径仍不能获得外国法的，可认定为不能查明外国法；根据《涉外民事关系法律适用法》第 10 条第 1 款的规定，当事人应提供外国法，但在法院指定的合理期限内无正当理由未提供该外国法的，可认定为不能查明外国法。

从上述规定来看，对外国法查明的几个重要问题，尤其是关于外国法查明的责任主体，外国法无法查明的认定标准及处理，例如，当事人不能提供外国法的认定标准，是否必须用尽以及须用尽几种查明途径，外国法无法查明是否一律适用中国法等，含糊阙如之处颇多，尚待进一步明确和完善。至于国际合作层面的外国法查明机制，我国与“21 世纪海上丝绸之路”沿线国家目前主要依赖的是多边或双边的司法协助条约机制。这种机制虽然正规、稳定，但限于条约的相对性，只能为缔约国所用，非缔约国之间仍需另寻其他合作机制。

1. 国际司法协助条约机制的相对性及有限性

目前，我国与沿线国家通过国际司法协助途径查明外国法，可依赖的多边条约机制无非就是《海牙取证公约》中创立的缔约国合作机制。根据《海牙取证公约》第 1 条第 1 款和第 3 款的规定，每一缔约国的司法机关可以根据该国法律规定请求另一缔约国主管机关调取证据或履行某些其他司法行为，而查明外国法一事并未被“其他司法行为”排除在公约适用范围之外。这意味着《海牙取证公约》为域外调查取证创设的多边国际司法协助机制，亦可适用于各缔约国间外国法查明事宜。不过，如前所述，与我国同为该公约缔约国的沿线国只有 9 个，这使公约机制能发挥的作用非常有限。除此之外，我国与沿线国家之间查明外国法可资援用的还有双边条约机制。

但亦如前述,与我国已缔结双边司法协助协定的沿线国家只有 11 个,虽然均就相互交换和提供法律信息资料作出了规定,但毕竟数量有限。

2. 司法互惠协助机制的不稳定性

从上述内容来看,目前我国与沿线国家之间查明外国法可利用的国际司法协助条约机制,不仅数量有限,所能发挥的作用也十分有限。为突破困境,扩大司法合作,我国与很多国家一样,在缺乏司法协助条约依据时,承认基于互惠开展司法协助。按照我国《民事诉讼法》第 276 条第 1 款的规定,人民法院和外国法院按照互惠原则,除可以相互请求代为送达文书、调查取证,还可以请求进行其他诉讼行为,如外国法的查明。而按照 2015 年《司法服务和保障意见》第 6 条的规定,在推动与沿线国家建立和发展互惠关系的前提下先行给惠以扩大国际司法协助范围的做法,显然包括且及于外国法的查明。不过,亦如前述,囿于互惠本身所存在的局限,建立在互惠基础上的司法互助机制相比于成熟、稳定的国际司法协助条约机制,在合作中难免会受到不确定性的影响。

(四)域外判决承认与执行的困境

在国际民事诉讼中,域外法院判决的承认与执行虽不是必经的程序(如果当事人能自觉履行判决的话),但如果启动,则是最终的程序也是最重要的程序,因为法院作出的判决若不能得到承认与执行,则意味着整个诉讼程序归于无效,不仅争议得不到解决,而且会造成巨大的资源(包括判决法院地国的司法资源和当事人付出的诉讼成本)浪费,判决法院的司法权威亦受到打击。也正是基于此,有学者将域外判决的承认与执行视为国际民事诉讼的基石。①

囿于司法主权,一国法院作出的判决并不能自动延伸到他国产生域外效力并得到执行,而需向他国提出申请并经该国按照一定条件审查后予以承认和执行才产生实效。从各国承认与执行域外判决的制度和实践来看,一般都要求存在一定的法律依据,主要包括国际条约和互惠。但目前无论是整个国际社会还是我国与"21 世纪海上丝绸之路"沿线国家之间,在援引相应的法律依据承认与执行域外判决上都存在这样或那样的困境。

1. 国际条约达成的困境

签订国际条约包括多边条约和双边条约,为域外判决的承认和执行提供可靠的国际法保障,无疑是最可取的一种方式。然而,截至目前,已生效并在缔约国间发挥重要作用的公约主要是区域性条约。为此,国际社会避难就易,转而尝试在一些专门领域达成了相关条约。②

在海事领域,域外判决在全球范围内的承认与执行更是举步维艰。首先,如前所述,由于 2005 年《选择法院协议公约》明确将海事事项排除在其适用范围之外,海事判决在全球范围内的承认与执行失去了一个重要的条约依据。其次,1971 年《海牙判决承认和执行公约》虽未专门排除海事事项的适用,但截至目前该公约仅有 5 个成员国,③能发挥的效用实在有限。最后,新出炉的 2019 年《承认与执行外国民商事判决公约》,虽几经考虑和磋商,取消了之前公约草案中关于

① See L. E. Teitz, TRANSNATIONAL LITIGATION (1996), pp. 252 – 253.

② 这些条约主要集中于儿童抚养、离婚、扶养等领域。参见李双元、欧福永:《国际私法》,北京大学出版社 2018 年版,第 415 页。

③ 即阿尔巴尼亚、塞浦路斯、科威特、荷兰、葡萄牙,参见 https://www.hcch.net/en/instruments/conventions/status-table/?cid=78,2020 年 4 月 6 日最后访问。

不适用于紧急拖船和救助事项的限制,但关于旅客和货物运输①、跨界海洋污染、非国内管辖区域的海洋污染、源于船舶的海洋污染、海事赔偿责任限制及共同海损等事项仍被排除在公约的适用范围之外。② 而且,该公约刚刚通过、尚未生效,未来何时生效、能否发挥预期效用以及是否预示着条约层面合并规定海事事项和其他民商事事项判决承认与执行统一规则的国际新趋势,仍须假以时日、拭目以待。

面对全球性条约达成的困难和区域性条约分布的不均衡,各国转而寻求域外判决承认与执行的双边机制便成为一种必然选择。比较而言,双边条约更易于达成且灵活机动,但缺点亦十分明显,即仅适用于两个缔约国之间,所能发挥的作用实属有限。即便如此,在我国与“21 世纪海上丝绸之路”沿线国家之间签订的有限的 11 个双边司法协助协定中,也仅有 8 个协定对判决的承认与执行问题作了规定,③其余 3 个协定则根本未涉及这一重要问题。④

2. 互惠适用的困境

两国之间如果没有签订双边的司法协助协定又无共同参加的多边司法协助条约对判决的承认与执行作出规定,一般则需满足被请求承认与执行地国内法上的互惠要求。

目前,按照我国《民事诉讼法》第 280 条、第 281 条和第 282 条的规定,在没有国际条约的情况下,互惠既是外国法院判决在我国得到承认和执行的法律依据,也是我国法院判决在外国得到承认和执行的法律依据。而 2015 年《关于适用民事诉讼法的解释》第 544 条则从反面进一步强调和确认,在与我国既无国际条约又无互惠关系的情况下,我国将不予承认和执行外国法院的判决。多年来,我国一直保持上述立法和司法解释有关规定的简约风格,未就互惠关系的认定、证明责任的分配等具体问题作出规定,导致司法操作层面既无明确的目标指引,又无具体的规则可供参照。在司法实践中,通过 1995 年就“五味晃案”作出的复函,最高人民法院以严格的事实互惠标准宣示了我国关于互惠认定和适用的原则和立场,即要求外国有承认和执行我国法院判决的先例或事实。⑤ 这一范式随之贯穿和体现在我国域外判决承认和执行的实践中。

不过,从近年来的几个案例看,我国先后与有关国家在建立互惠合作方面取得了重大进展,为我国与更多国家尤其是“21 世纪海上丝绸之路”沿线国家建立互惠合作探索了可行路径。例如,在 2006 年的“旭普林案”⑥中,德国柏林高等法院首次而且通过先行给惠承认了我国江苏省无锡市中级人民法院作出的民商事判决。⑦ 其后,在 2017 年,以色列最高法院作出判决维持特拉维夫地方法院的判决,并宣布以色列承认和执行我国江苏省南通市中级人民法院作出的判决。⑧ 该案亦是以色列法院先行给惠,并就互惠的认定、举证责任的分配及互惠的立法目标等问题作了充

① 关于旅客和货物运输,由于并不限于海上运输,还包括陆地运输、空中运输和多式联运,考虑到国际上已存在大量关于运输的公约,为防止与这些公约发生冲突,故新公约仍谨慎选择将运输事项排除在外。See Francisco J. Garcimartín & Alférez, Prel. Doc. No 10 of May 2018 - Judgments Convention: Revised Preliminary Explanatory Report, https://assets.hcch.net/docs/7cd8bc44 - e2e5 - 46c2 - 8865 - a151ce55e1b2.pdf, Apr. 6, 2020.

② 参见 2019 年《承认与执行外国民商事判决公约》第 2 条第 1 款第 6 项和第 7 项。

③ 即我国分别与土耳其、埃及、越南、老挝、意大利、希腊、阿联酋、科威特缔结的双边司法协助协定。

④ 即我国分别与新加坡、泰国、韩国缔结的双边司法协助协定。

⑤ 参见最高人民法院《关于我国人民法院应否承认和执行日本国法院具有债权债务内容裁判的复函》,最高人民法院(1995)民他字第 17 号。

⑥ 由于该案中的被申请(执行)人是德国著名的旭普林公司,因而该案常被称为“旭普林案”。

⑦ 参见马琳:《析德国法院承认中国法院民商事判决第一案》,载《法商研究》2007 年第 4 期。

⑧ 参见(2009)通中民三初字第 0010 号民事判决书。

分阐述,为我国完善互惠原则提供了启发和参考。① 2015 年《司法服务和保障意见》第 6 条规定的正是这种先行给惠原则,2017 年 6 月 8 日在广西南宁举办的第二届中国—东盟大法官论坛通过的《南宁声明》则走得更远,在第 7 项规定中还明确认可了推定互惠。

总体来看,尽管近年来为能与“一带一路”沿线国家更好地进行司法合作、开展司法互助,我国大胆突破,放弃事实互惠而采取推定互惠并勇于先行给惠,为缓解彼此判决承认与执行的困境找到了一个重要的突破口,但毕竟相关实践才刚刚开始,未来司法实践中效果如何仍有待观察。

(五)国际商事法庭下我国与沿线国家海事争议诉讼解决困境的突破与局限:务实选择的作出

进入 21 世纪以来,为更好地应对国际商事争议的解决,并在国际竞争中不断提升司法公信力、保持竞争优势,甚至谋求建立全球性或区域性国际司法中心,一些国家先后组建成立了专门性的国际商事法庭,并逐步汇聚形成了一种新的国际潮流,即针对当事人对传统诉讼缓慢昂贵、缺乏专业性、国际性等问题的诟病,积极推动司法改革,通过建立国际商事法庭以促进实现商事诉讼的专业化、便利化、契约化和国际化,提升商事诉讼的快捷经济性和商业友好性。

我国的两个国际商事法庭是依照 2018 年 1 月 23 日中央全面深化改革领导小组第二次会议审议通过的《关于建立“一带一路”争端解决机制和机构的意见》设立的。为保障国际商事法庭有效构建和运转,并方便当事人通过国际商事法庭解决争议,最高人民法院连续发布了一系列司法解释或通知。② 我国国际商事法庭基本的制度架构和程序设置由此初步建成,不乏与国际潮流相适应的机制创新和程序改革,如引入协议管辖、支持文书送达的契约化和信息化处理、增加外国法查明的途径、提升判决的自觉履行等,一定程度上缓解和突破了沿线国家海事争议提交诉讼解决可能遭遇的各种困境,但囿于司法主权及国际合作机制的有限,司法中的各种困难和障碍尚不能完全克服和消除。而从国际商事法庭目前的功能定位来看,亦无意将诉讼作为解决“一带一路”沿线国家国际民商事争议的主要手段,而是在构建诉讼、调解、仲裁有机衔接的多元化争议解决机制的基础上支持当事人选择适当的争议解决方式。

作为解决国际民商事争议的传统法律手段,在诉讼之外,仲裁当为不二选择。为充分发挥仲裁解决国际民商事争议的重要作用,《最高人民法院国际商事法庭程序规则(试行)》还专辟一章(第七章)就国际商事法庭支持仲裁的相关措施作了规定。③ 从国际商事法庭已受理的第一批案件来看,第一国际商事法庭受理的 5 宗案件中就有 3 宗是申请确认仲裁协议效力的案件。④ 由此,在将我国与“一带一路”沿线国家海事争议提交诉讼解决面临诸多困境的情况下,将争议提交仲裁解决或是更合乎国际潮流的明智和务实之举。

三、我国与“21 世纪海上丝绸之路”沿线国家海事争议仲裁解决的优势

从实践来看,海事争议的解决具有不同于普通民商事争议解决的特殊需要,而以专门性或专业性的争议解决机制应对海事争议的解决亦由来已久,现代海事仲裁恰具备契合海事争议解决

① 参见陈亮、姜欣:《承认和执行外国法院判决中互惠原则的现状、影响与改进》,载《法律适用》2018 年第 5 期。

② 主要包括《最高人民法院关于设立国际商事法庭若干问题的规定》《最高人民法院国际商事法庭程序规则(试行)》《最高人民法院国际商事专家委员会工作规则(试行)》《最高人民法院办公厅关于确定首批纳入“一站式”国际商事纠纷多元化解决机制的国际商事仲裁及调解机构的通知》等。

③ 参见《最高人民法院国际商事法庭程序规则(试行)》第 34 条、第 35 条。

④ 参见 http://cicc. court. gov. cn/html/1/218/149/192/,2020 年 4 月 10 日最后访问。

实际需要的各项特点,因而成为海事争议当事人的首选。

(一)国际商事仲裁的固有优势:历史基因与现实表现

仲裁之所以能在诉讼之外得到充分发展,缘于仲裁具有诉讼难以企及的各种优势因而也能更好地满足争议解决的需要。面对已经产生或将来可能产生的争议,当事人弃诉讼而选仲裁,不能说不是受仲裁固有优势的吸引。总体来看,与诉讼同作为解决国际商事海事争议的传统法律手段之一,仲裁主要具有超越前者的以下优势:

1. 自主性

仲裁作为一种从强调自由、崇尚自治的商人社会中成长起来的民间性争议解决制度,其首要原则就是当事人意思自治,最基本的特点之一就是充分尊重和发挥当事人在争议解决中的自主性。在仲裁中,当事人对仲裁程序作出的任何设计和安排,只要不违反仲裁地法中的强制性规定或公共秩序,一般都能得到尊重和满足,这显然与诉讼的法定性和强制性是不同的。虽然民商事诉讼尤其是商事诉讼日呈契约化发展,并强调当事人的自主性,却始终难以达到商事仲裁的这种程度。

更重要的是,商事仲裁的协议性或自主性,使商事仲裁避免了国际民商事诉讼中一系列难以解决的问题:一是避免了复杂棘手的管辖权冲突问题;二是避免或化解了域外文书送达或调查取证的难题——基于商事仲裁的民间性,相关的文书送达和调查取证被视为可由当事人及其代理人自主约定、自行完成的私权行为,当事人未作约定时则可由仲裁机构或仲裁庭依仲裁规则确定或自由裁量决定,而不必严格参照或遵守诉讼中的相应规则;三是避免或缓解了域外法查明的困境——依照意思自治原则,商事仲裁中的准据法多由当事人协商选择并提供,很大程度上减少了查明域外法的负担和压力,即便当事人未选择准据法或无法提供,由仲裁庭查明域外法亦比法官更具专业性和便利性优势,同时仲裁的民间性决定了当事人委托律师不受限制,不像诉讼中囿于国家主权只能委托法院地国家的律师,这为仲裁中借助代理律师查明域外法也提供了便利。

2. 专业性

国际商事争议尤其是海事、海商争议常涉及复杂的专业性或行业性问题,交由谙熟国际贸易、航运、保险及相关交易习惯或行业惯例的专业人士或从业人员处理显然更为妥当,不仅有利于提高效率、降低成本,更可保证裁判者判断的准确性。

早在公元前 4 世纪雅典海事法庭和中世纪欧洲商人法庭的司法或仲裁实践中,就引入了以船东或商人为陪审员甚或职业法官的做法,使商事、海事审判逐渐从普通民事诉讼中脱离出来,[①] 并确保争议解决的专业性和快捷经济性,深受当事人欢迎,有效保障和促进了当时跨国商业贸易的稳定和繁荣。由此,在现代国际商事仲裁中,允许当事人根据争议的性质和类型指定不同专业背景或从业经历的人担任仲裁员作出专业的处理,无疑是仲裁相比于诉讼更吸引当事人的优势之一。

3. 灵活性

基于商事仲裁的协议性,商事仲裁程序可由当事人约定和安排,而为了保证商事仲裁的快捷经济性,仲裁庭在个案的程序选择及具体操作方面亦享有很大的自由裁量权,这就使商事仲裁程

① 参见徐浩:《中世纪西欧商人法及商事法庭新探》,载《史学月刊》2018 年第 10 期。

序表现出相当大的弹性或灵活性,尤其强调程序安排与案件审理的实际需要相对称或成比例,不仅大胆摒除了诉讼中一些不必要的繁文缛节,更有效克服了诉讼程序深受诟病的刻板机械和缓慢昂贵。

4. 快捷性

无论是公元前4世纪的雅典海事法庭还是中世纪的欧洲商人法庭,均强调对商事案件审理的快捷性和所采程序的简易性或非正式性。在雅典,审理时间短是海事案件与普通民事案件最重要的区别:为保障商人和船主不因诉讼影响海上贸易活动,法律规定所有海事争议只能在冬季封海时节提交诉讼,即海事法庭受理的所有案件都为"月案"——在每年9月至次年4月不太适宜海上活动的季节受理并限期结案,以便商人们为次年的航行和即将到来的贸易周期做好准备。①

可见,对国际商事争议作出快速和简易的处理,是商人社会自古以来就有的传统,而商事仲裁的协议性,注定了商事仲裁从程序到实体均可由当事人自行协商安排和处分。为此,作为理性的经济人,当事人首先自会对其商事仲裁案件应采取的程序、可适用的规则等,作出最合理的设计和安排,以保证仲裁程序能及时启动并始终合理快捷高效地进行,避免不必要的延误和花费。

5. 保密性

商事仲裁是以当事人的协议为基础,对当事人之间争议的解决作出的一种私人性的处分和安排,因而是保密的。未经当事人同意,任何第三方不得参与仲裁程序或了解仲裁中的任何信息,即使是仲裁庭亦负有保密的义务,不得向公众或案外人披露案件信息。换言之,基于协议的私人性或相对性,建立在协议基础上的仲裁活动当然也是保密的或不公开的。这点与诉讼无疑是截然相反的,商事仲裁的保密性不仅有利于保护当事人的商业秘密和声誉,维护其安全感和体面感,更有利于通过一个相对私密的环境营造一种友好祥和的氛围,打消当事人的顾虑和戒备,减少彼此的防范或对立,使争议在平等互信、对话合作中快速有效地解决。

6. 国际性

虽然关于商事或海事仲裁是否起源于公元前4世纪的雅典海事法庭或中世纪的欧洲商人法庭尚存在争议,但两者重要的共同点——邦际性或国际性则是不言而喻的:首先,争议主体具有涉外性,如雅典海事法庭的案件当事人就不限于本邦公民,还包括异邦人、外侨;其次,争议具有涉外性,无论是公元前4世纪以雅典为中心的地中海各地商人从事的航海贸易还是中世纪欧洲各地行商从事的海上贸易或陆上贸易,无不超出一定的政治边界或法律边界,所产生的商事争议尤其是海事争议也就不可避免地具有了涉外性;最后,适用的法律或裁判的依据呈现国际性或统一性,如公元前4世纪,为能一视同仁、公平公正地处理逐渐成为一个"世界性群体"的地中海各地商人之间的案件,雅典海事法庭通过一系列的司法举措谋求适用相同或统一的法律,并通过其海上贸易立法有力推动了希腊世界迈向统一。② 经过近代被各主权国家以国内法本土化之后的商事仲裁,终于在当代强势回归,重新找回其固有的国际性,晚近各国间在仲裁领域的激烈竞争与国际合作则进一步强化和提升了这种国际性,使商事仲裁解决国际商事争议更具适应性和实

① 参见陈思伟:《公元前4世纪雅典海事法庭初探》,载《中南大学学报(社会科学版)》2018年第4期。
② 参见陈思伟:《公元前4世纪雅典海事法庭初探》,载《中南大学学报(社会科学版)》2018年第4期。

效性。由于商事仲裁的协议性和民间性，仲裁中几乎所有事项都可由当事人协商约定，仲裁因而自始就具有一种超越主权或本土的国际性。

正是基于仲裁的上述固有优势及其与海事争议解决实践需求的高度契合，将海事争议提交仲裁解决已成为国际航运界的行业习惯。最具国际影响力的航运组织——波罗的海国际航运公会（BIMCO）在其制定和推荐的航运格式合同中多含有仲裁条款，可选择的仲裁地从最初的英国伦敦、美国纽约到近年新增的新加坡、我国香港特别行政区[①]等地，呈不断扩张和东移之势。在此过程中，已造就伦敦、纽约、新加坡等国际海事仲裁中心，为全球海事争议的解决提供优质的海事仲裁服务。

（二）我国与“21 世纪海上丝绸之路”沿线国家海事争议仲裁解决的顶层设计与社会共识

“一带一路”倡议和建设海洋强国战略等均为我国全面改革开放新时期的重要内容，从总体部署到具体实施都有科学的顶层设计作为依据和保障。在此过程中，以适当的争议解决机制定分止争、打造良好的法治营商环境，护航国家战略的稳步推进和顺利实施显得紧迫而现实。

基于仲裁的固有优势，尤其是目前解决涉沿线国家海事争议中诉讼面临的困境和仲裁特有的适应性，以仲裁解决我国与沿线国家海事争议应成为当下的必然选择，这不仅是一种广泛的社会共识，更得到了国家顶层设计的肯定和指引。

1. 我国与“21 世纪海上丝绸之路”沿线国家海事争议仲裁解决的顶层设计

围绕沿线国家海事争议的解决，最高人民法院早在 2015 年即已通过《司法服务和保障意见》作出了规定、指明了方向，其后又在 2018 年通过国际商事法庭的建立和运行进一步明确了可行的路径，无不指向仲裁这一目前最契合国际商事海事争议解决需要的法律手段，体现了国家顶层设计的科学理性和客观务实。2019 年 7 月，中共中央办公厅、国务院办公厅又联合印发了《关于加快推进公共法律服务体系建设的意见》（以下简称《公共法律服务体系建设意见》），进一步从顶层设计的高度指明了如何大力发展仲裁以发挥其在服务国家重大经贸活动和全方位对外开放尤其是“一带一路”建设中的积极作用。

（1）《司法服务和保障意见》及《公共法律服务体系建设意见》的规定

2015 年《司法服务和保障意见》第 8 条，就支持仲裁发展、促进发挥仲裁在解决涉“一带一路”沿线国家商事海事争议、服务“一带一路”建设中的重要作用，作出了指引和安排，具体包括加强和完善对涉沿线国家当事人的仲裁裁决的司法审查；正确理解和适用《纽约公约》，依法及时承认和执行相关商事海事仲裁裁决，并推动与尚未参加《纽约公约》的沿线国之间仲裁裁决的承认和执行；统一司法裁判尺度，完善我国涉外仲裁裁决不予执行或撤销制度及拒绝承认和执行外国仲裁裁决的司法审查等。总之，在《司法服务和保障意见》的框架下，海事仲裁是用于解决沿线国家海事争议的重要手段并给予重点发展和支持。

2019 年《公共法律服务体系建设意见》第 10 条，对于加快推进和完善涉外法律服务体系建设以满足全面对外开放以及“一带一路”建设的实践需要，既作了统筹规划，亦作了操作指引。围绕仲裁，该意见明确提出的设计和安排就是整合仲裁优势资源，打造国际知名仲裁机构，促进和支

① 波罗的海国际航运公会（BIMCO）近日已启动新条款拟定计划，将在 BIMCO 法律文书委员会定于 2020 年 9 月 22 日召开的第二次会议中对新条款进行审核，拟将我国香港特别行政区列为继伦敦、纽约、新加坡之后的第四个备选仲裁地。载 http://www.eworldship.com/html/2020/ship_inside_and_outside_0520/159853.html，2020 年 7 月 12 日最后访问。

持仲裁机构参与国际商事争议的解决。

（2）国际商事法庭的相关规定

如前所述，最高人民法院就国际商事法庭的建立和运行发布了一系列司法解释或通知，除对国际商事法庭支持仲裁作出专章规定，还将中国海事仲裁委员会（CMAC）首批纳入其"一站式"多元化争议解决机制，在尊重和鼓励当事人以仲裁作为解决沿线国家海事争议手段时积极发挥司法的支持、引领和保障作用。

2. 我国与"21世纪海上丝绸之路"沿线国家海事争议仲裁解决的社会共识

国际经验表明，仲裁远比诉讼更适合解决国际商事尤其是海事争议，这一点近年来日益深入人心并逐渐成为整个国际社会的共识。例如，伦敦玛丽女王大学（Queen Marry University of London）和美国伟凯国际律师事务所（White & Case LLP）联合发布的2018年仲裁问卷调查报告即显示，压倒性多数（97%）的受访者明确表示更愿意选择仲裁作为其解决跨境商事争议（cross-border commercial disputes）的手段，几乎所有受访者（99%）都表示愿意在今后的跨境商事争议解决中仍继续选择仲裁；之所以选择仲裁，64%的受访者是基于仲裁裁决的可执行性，60%的受访者是基于可以避开特定国家或法域的法律制度或法院管辖，40%的受访者是基于仲裁的灵活性，39%的受访者是基于当事人有权选择仲裁员，36%的受访者是基于仲裁的保密性，25%的受访者是基于仲裁的中立性，16%的受访者是基于仲裁的终局性，12%的受访者是基于仲裁的快捷性，3%的受访者是基于仲裁的经济性，2%的受访者则是基于其他因素的考虑。①

仲裁在"21世纪海上丝绸之路"沿线国家也日受欢迎和重视，正逐渐成为各国用于解决国际商事海事争议的基本手段和重要方式。截至目前，沿线25个主要国家中先后按照《联合国国际贸易法委员会国际商事仲裁示范法》（以下简称《国际商事仲裁示范法》）制定或修改其国内仲裁法的已达近80%，具体包括埃及、土耳其、新加坡、马来西亚、泰国、菲律宾、文莱、缅甸、柬埔寨、印度、孟加拉国、斯里兰卡、沙特阿拉伯、阿联酋、肯尼亚、韩国、日本、意大利、希腊19国。② 先后加入《纽约公约》的国家则达100%，无一例外。③ 不仅如此，在我国与沿线国家签订的11个双边司法协助协定中，除我国与阿联酋之间的双边协定未规定仲裁裁决的承认与执行，其余10个双边协定均对该问题作出了明确规定，其中我国与泰国、新加坡、韩国3国分别签订的双边协定在未规定法院判决承认与执行问题的情况下，却对仲裁裁决的承认与执行专门作出了规定，④足见各国对仲裁的倚赖和重视。总之，在《国际商事仲裁示范法》和《纽约公约》的昭示牵引下，沿线国家仲裁法呈国际化、统一化发展，进而形成制度趋同、价值统一、理念相近、实践协调的仲裁法律共同体：不仅仲裁被各国公认为解决涉沿线国家商事海事争议的有效手段，而且仲裁在运行中不会遭遇法律冲突的困扰，尤其仲裁裁决可在各国间实现完全自由流通。

（三）上海打造面向全球的亚太仲裁中心的先行先试：海事仲裁优势的发挥和提升

作为我国首个设立自贸区和率先探索建设自贸港的全国最大、最发达的港口城市，上海不仅

---

① See 2018 International Arbitration Survey: The Evolution of International Arbitration, http://www.arbitration.qmul.ac.uk/research/2018/. Apr. 10, 2020.

② See https://uncitral.un.org/en/texts/arbitration/modellaw/commercial_arbitration/status, Apr. 12, 2020.

③ See https://uncitral.un.org/en/texts/arbitration/conventions/foreign_arbitral_awards/status2, July. 12, 2020.

④ 参见《中华人民共和国和泰王国关于民商事司法协助和仲裁合作的协定》第20条、《中华人民共和国和新加坡共和国关于民事和商事司法协助的条约》第20条、《中华人民共和国和大韩民国关于民事和商事司法协助的条约》第25条。

是服务“一带一路”建设的桥头堡和排头兵,更早已明确其建设国际经济、金融、贸易、航运、科创五个中心和卓越全球城市的发展目标,基本具备与伦敦、纽约、新加坡等著名国际海事仲裁中心相似的特征和要素。近年来,利用得天独厚的有利条件,上海积极探索并推动打造面向全球的亚太仲裁中心,使上海谋求打造国际海事仲裁中心的目标更加清晰也更切实际。

早在 2015 年,国务院就发布了关于《进一步深化中国(上海)自由贸易试验区改革开放方案》,鼓励上海先行先试,“支持国际知名商事争议解决机构入驻,加快打造面向全球的亚太仲裁中心”,为上海吸引和汇聚了优质和丰富的仲裁资源。按照国务院 2019 年 7 月发布的《中国(上海)自由贸易试验区临港新片区总体方案的通知》的规定,上海市司法局于同年 11 月 8 日正式发布了《境外仲裁机构在中国(上海)自由贸易试验区临港新片区设立业务机构管理办法》,规定自 2020 年 1 月 1 日起,符合规定条件的在外国和我国香港特别行政区、澳门特别行政区、台湾地区合法成立的不以营利为目的的仲裁机构以及我国加入的国际组织设立的开展仲裁业务的机构,可向上海市司法局提出申请在上海自贸区临港新片区登记设立业务机构,开展相关涉外仲裁业务。这便为伦敦海事仲裁员协会(LMAA)、(纽约)海事仲裁协会(SMA)、新加坡海事仲裁院(SCMA)等国际知名海事仲裁机构入驻临港新片区开展海事仲裁业务提供了依据,亦为上海开放海事仲裁服务市场、引入国际竞争,打造面向全球的亚太海事仲裁中心创造了条件。

上海利用自贸区先行先试探索打造亚太海事仲裁中心并形成可复制可推广的经验适用于自贸区外甚至全国,将首先推动我国海事仲裁制度加快实现现代化和国际化,迅速提升我国海事仲裁的国际竞争力和吸引力,进而为我国与沿线国家海事争议通过仲裁解决提供更大便利和支持,并使海事仲裁的固有优势在新的实践中得以彰显和发挥,更使国家关于“一带一路”争议解决的顶层设计和战略安排得以实现。

四、结语

在推进“21 世纪海上丝绸之路”建设和加快建设海洋强国战略实施过程中,我国与沿线国家海事争议的产生不可避免。针对沿线国家海事争议的特点及海事争议解决的特殊需求,结合我国与沿线国家在不同争议解决领域的国际合作现状,寻求最恰当的争议解决路径无疑至关重要。国际经验表明,在用于解决海事争议的传统法律手段——诉讼和仲裁之间,仲裁远比诉讼更适合解决海事争议。而在国内实践层面,囿于司法主权及我国与沿线国家双边或多边司法合作机制的有限,将我国与沿线国家海事争议提交诉讼解决尚面临诸多困境。最高人民法院国际商事法庭的设立及其争议解决创新机制的引入,虽一定程度上有助于缓解诉讼中的某些困境,但仍有局限尚待突破,且其现行的多元化争议解决机制亦无意以诉讼为解决沿线国家海事争议的主要手段,而是在提供司法支持和保障的基础上尊重并鼓励当事人选择适当的争议解决方式。基于仲裁相比于诉讼的固有优势及我国针对“一带一路”争议解决的顶层设计和国际社会尤其是沿线国家在仲裁领域已达成的广泛合作和共识,以及上海通过自贸区谋求打造面向全球的亚太仲裁中心开展的先行先试,当下以及未来通过仲裁解决我国与沿线国家海事争议便成为一种明智和务实的必然选择。

The Choice of Approach about the Resolution of Maritime Disputes between China and the Countries along the "21st Century Maritime Silk Road"
—The Dilemma of Litigation and the Advantages of Arbitration

By Deng Jie

Abstract: Due to the judicial sovereignty and the limited mechanisms of bilateral or multilateral judicial cooperation between China and the countries along the "21st Century Maritime Silk Road", it is inevitable to encounter a lot of difficulties when resolving the maritime disputes between China and the countries along the Road through litigation. Although it is helpful to alleviating the dilemma as China International Commercial Court has introduced an innovative mechanism, there are still some restrictions need to be broken through, and much more emphasis is put on arbitration under its diversified dispute resolution mechanism. In consideration of the inherent advantages of arbitration, choosing to resolve the maritime disputes through arbitration has not only been recognized by the top design of the country, but also been widely accepted by the international community, especially the countries along the Road. Shanghai's first carry and first try to build a global - oriented Asia - Pacific arbitration center through its Free Trade Zone will not only promote the advantages of arbitration but also confirm it as the most effective approach to resolve the maritime disputes between China and the countries along the Road.

Key Words: "21st Century Maritime Silk Road"; maritime disputes settlement; maritime litigation; maritime arbitration

（责任编辑:郑梦婷）

仲裁研究　第四十七辑

知识产权商业化维权模式研究

——以华盖案、灿星案为例

徐坤宇*

内容摘要　近年来,知识产权维权诉讼数量激增,在诉讼有力打击知识产权侵权行为的同时也存在一些问题,部分知识产权权利人维权行为异化,诉讼的重点从保护知识产权转换为利用诉讼谋利,被称为知识产权商业化维权。笔者以华盖案及近年出现的灿星案为切入点,试图对知识产权商业化维权模式进行研究,并提出针对性的应对策略。

关键词　知识产权　商业化维权　华盖案　灿星案

一、知识产权商业化维权模式概述

知识产权商业化维权由来已久,但目前无论是在学术界还是司法实践中,对于知识产权商业化维权的认识还存在误区,本文将先从概念、特征开始对知识产权商业化维权进行全面剖析。

(一)知识产权商业化维权的概念

学者何震等认为知识产权商业化维权是知识产权权利人向社会征集代理商,代理商通过在一定区域内进行市场调查,测定侵权规模等评估后,向权利人支付保证金买断区域内的维权权利,再以权利人名义进行规模化侵权公证,委托律师与侵权者和解或提起诉讼,所获赔偿由权利人、代理商和律师各得1/3。① 学者章毓对知识产权商业化维权的定义是知识产权权利主体为维权的便捷、低成本、规模效应考虑,将权利授予某个主体行使或将维权诉讼外包给律所或专业公司,由维权代理人负责某区域的诉讼,双方通过签订代理合同约定诉讼风险与收益。② 学者董伟威等从司法实践角度对商业化维权进行界定,即知识产权权利人为维护自己的合法权益,以协议形式授权知识产权专业组织通过市场调查、公证取证等手段发现侵权行为,委托诉讼代理人依法向人民法院提起民事诉讼,由此获取经济赔偿利益并依照授权协议进行分配。③ 综合上述学者的定义,笔者总结出知识产权商业化维权的四个特点。

1. 维权权利基础具有正当性。知识产权商业化维权诉讼本质上仍然属于知识产权诉讼,提起诉讼的前提必须是知识产权权利人的权利受到侵害,以维护合法权益为目的,在侵犯知识产权行为猖獗的背景下为维护知识产权权利人的合法权益采取的诉讼策略。

---

* 徐坤宇,法律(法学)硕士,广东大同律师事务所实习律师。

① 何震、杨元新:《商业化维权对著作权侵权案件审理的挑战与应对》,载《法律适用》2012年第7期。

② 章毓:《知识产权商业维权的可行性路径》,载《江苏法制报》2012年8月21日,第A02版。

③ 董伟威、童海超:《知识产权商业维权诉讼的界定与规制》,载《人民司法》2014年第1期。

2. 维权行为具有营利性。即知识产权商业化维权进行的前提是有利可图，无论是知识产权权利人自己诉讼还是代理商进行诉讼，都会对维权的预期成本及收益进行评估，只有在维权预期获得赔偿高于所付成本时才会发生知识产权维权诉讼。

3. 维权具有规模效应。在知识产权商业维权诉讼中，权利人会在某区域对涉嫌侵权的经营主体进行批量公证取证，之后权利人会寻求与涉嫌侵权经营主体达成支付赔偿金的和解协议，若无法和解，权利人就会向人民法院提起诉讼，形成同一原告起诉多名被告侵权的批量关联案件。规模化的取证，批量的诉讼降低权利人的成本。

4. 维权主体专业化。商业化维权模式下，承担维权工作的是律师事务所或知识产权代理公司等专业的维权团队，在诉讼前评估成本与收益，作出是否代理的决定，其目的是通过诉讼获取商业利润，而非保护知识产权权利人的权益。

结合知识产权商业化维权的特征及现有定义合理之处。笔者认为，知识产权商业化维权应定义为知识产权权利人通过签订代理合同约定风险与收益的方式，委托专业维权人进行风险代理，以和解或诉讼方式获取商业利润的维权行为。

（二）知识产权商业化维权的类型

目前学界对于知识产权商业化维权的划分标准各异，笔者赞同学者张雁对知识产权商业化维权以诉讼主体为标准及以诉讼标的为标准的划分。第一，以诉讼主体为标准划分为原始权利人维权和继受权利人维权两种类型。原始权利人维权即知识产权的最初权利人发起维权诉讼。而继受权利人维权则指通过许可方式取得诉权并发起维权诉讼，具体包括三种情况：一是知识产权权利关联人，如权利共有人、权利继承人、原权利人投资成立的民商事主体等；二是同业竞争者，如原权利主体的兼并者，购买知识产权权利的继受者等；三是专业代理机构，如知识产权代理机构，律师事务所。第二，以诉讼标的为标准划分为著作权维权诉讼、商标权维权诉讼、专利权维权诉讼等。①

二、知识产权商业化维权的法经济学分析

知识产权商业化维权案例数量十分庞大，其中以华盖创意（北京）图像技术有限公司（以下简称华盖公司）提起的维权诉讼最为典型，此外近期国内的商业化维权案例也值得研究。本文将运用法经济学理论，分析早期华盖案及近期国内的灿星案，并进一步分析知识产权商业化维权的成因及其影响。

（一）华盖案概述

华盖公司是美国盖帝在中国的合资公司，成立于2005年，公司总部设于北京，并在上海、广州设有分公司，深圳设有办事处，大连设有法律维权部。华盖公司成立后，凭美国盖帝公司一名副总裁签署的一份《确认授权书》在中国“展示、销售和许可他人使用”指定的图片，并通过中文网站平台向中国大陆的客户提供来自全球的图片和影视素材服务。自2007年以来，华盖公司以中国企业未经许可使用其图片为由，通过书面通牒，法律诉讼的方式在中国掀起了一场知识产权大战。根据北大法宝数据显示，截至2020年5月30日，笔者以“华盖创意”为关键词在北大法宝网

① 张雁：《知识产权商业维权诉讼辨析》，载《人民司法》2013年第5期。

站进行案例检索,相关检索结果多达 5693 个。[①] 自 2007 年至今,华盖公司平均每年提起数百起著作权侵权诉讼,数量之大令人惊讶。华盖公司提起的著作权侵权诉讼虽然是维权之举,但却在社会上引发极大争议,有人称赞其为维权赢得胜利的典范,有人却认为华盖公司提起的著作权诉讼属于滥用著作权权利,有欺诈之嫌。为揭开华盖公司维权诉讼的真面目,进一步分析华盖案背后的知识产权商业化维权模式,笔者在此选取一个典型华盖维权案例进行分析。

(二)华盖案例分析

华盖公司诉中国外运重庆有限公司(以下简称重庆外运公司)侵犯著作权纠纷再审案是华盖案之一。[②]

案情:重庆外运公司在其 2006 年形成的宣传书册中使用了美国盖帝授权华盖公司在中国有权展示、销售和许可他人使用的一张编号为 aa030148,品牌为“Photodisc”的图片。华盖公司遂以重庆外运公司侵权著作权为由向重庆市中级人民法院起诉,请求判令重庆外运公司立即停止侵权行为并销毁全部相关制品,在重庆电视台卫视频道公开道歉,赔偿华盖公司经济损失及合理费用等共计 11,100 元,并负担本案诉讼费用。

一审重庆市中级人民法院认为,本案应先解决的争议焦点是美国盖帝是否享有本案所涉图片的著作权因而原告依其合法授权享有本案相关权属。原告在美国盖帝的网站(www.gettyimages.com)上公证取证涉案图片仅证明在 2009 年 3 月 23 日美国盖帝的网站上载有涉案图片并享有著作权。网站上的图片库不同于其他公开出版物,库中图片均未显示上传时间,可随时更新。在涉案宣传画册形成的 2006 年,原告并未证明美国盖帝是否享有涉案图片著作权,被告就此提出了涉案图片相关权属不清的抗辩。据此重庆市中级人民法院判决华盖公司败诉。华盖公司不服一审判决提起上诉,重庆市高级人民法院认定的新事实是:2009 年 11 月 24 日,华盖公司在国家版权局的作品著作权自愿登记显示,华盖公司于 2005 年 8 月 1 日至 2010 年 6 月 30 日取得摄影作品《图片 73718861 等 24 张图片》在中国大陆展示、销售和许可他人使用的权利。涉案图片的上传时间为 2005 年 8 月 25 日。重庆市高级人民法院据此认为,一审判决认定美国盖帝享有涉案图片著作权的时间与国家版权局颁发给华盖公司的著作权登记证书中的记载相互矛盾。华盖公司于二审提供的两份公证书就成为能否认定美国盖帝在 2005 年 8 月 1 日或者是 2006 年之前对涉案图片享有著作权的关键。现有证据无法确认涉案图片的上传时间就是公证书中的记载时间。理由是:第一,华盖公司至少在一审之后二审之前修改了涉案图片的“Getty Images”字样。第二,结合华盖公司对涉案图片的修改行为,法院有理由怀疑华盖公司修改了图片上传时间。第三,确认授权书只能证明美国盖帝许可华盖公司在 2005 年 8 月 1 日以后对授权书所列品牌的相关图像行使相关著作权,未明确是否包含涉案图片,确认授权书没有记载涉案图片何时形成、何时享有著作权。因此,仅凭著作权登记证书的记载无法认定美国盖帝在 2005 年 8 月 1 日前对涉案图片享有著作权。重庆市高级人民法院二审判决驳回上诉,维持原判。

最高人民法院再审采信了华盖公司提供的旨在证明涉案作品权属以及形成时间的互联网下载图片等证据,根据图片上的署名,结合重庆外运公司未提交相反证据的事实等情况认定下载图

---

① 数据来源北大法宝:http://gzlx.pkulaw.cn/case/gzlx,2020 年 5 月 30 日最后访问。

② 案例来源北大法宝:http://www.pkulaw.cn/fulltext_form.aspx? Db = payz&Gid = 118082239&keyword = %e4%b8%ad%e5%9b%bd%e5%a4%96%e8%bf%90%e9%87%8d%e5%ba%86%e6%9c%89%e9%99%90%e5%85%ac%e5%8f%b8&EncodingName = &Search_Mode = accurate,2020 年 5 月 29 日最后访问。

片的署名人为作者;并以重庆外运公司未提交证据证明其对涉案作品的使用有合法根据为由,推定涉案作品在重庆外运公司使用之前已经公开发表,即认定了重庆外运公司已实际接触涉案作品的事实。最高人民法院判决撤销重庆市高级人民法院及中级人民法院的民事判决,并判令被告重庆外运公司赔偿华盖公司经济损失及维权费用等共计 4400 元,并停止使用涉案图片,驳回华盖公司其他诉讼请求。

本案是华盖公司早期开展维权诉讼的一个典型案例,被最高人民法院列为 2010 年中国法院知识产权司法保护 50 件典型案例之一。从法经济学视角来分析,选择某种规则的出发点是效益最大化,即进行“成本—收益分析”后选择能够带来最大效益的规则。保护产权的规则包括财产规则、责任规则和不可让与规则。知识产权属于产权,知识产权的财产权一般适用财产规则、责任规则,精神权利一般适用不可让与规则。知识产权财产权适用财产规则即产权持有者与非产权持有者通过协商,自愿交易达成许可将财产权转让给非持有者;适用责任规则即非产权持有者不经过产权持有者同意而使用其产权,事后根据法院判决向持有者支付赔偿金。最高人民法院对本案的最终判决是选择责任规则的结果。在自愿交易的途径行不通,财产规则无法保护知识产权人财产权的前提下,选择责任规则成为一种必然。无论选择何种规则,最终目的是追求效益最大化,而这里的效益遵循法经济学中的帕累托标准,即效益的提高必须是对各方都有利的,以损害某一方利益为代价,来改善他方利益的方法实质上是没有效益的。本案中华盖公司本身不使用涉案图片,仅通过与他人签订许可使用合同进而收取许可费,华盖公司能够确定的损失只有许可费及为维权支付的合理费用,而华盖公司提出的总计 11,100 元的赔偿请求明显高于其损失。如果法院支持该请求,对华盖公司而言,其利益得以最大化,而重庆外运公司承担过高赔偿则会有损其利益,同时也违背了全赔原则要求。最高人民法院最终参照华盖公司与其他主体签订的图片许可使用合同判决总计 4400 元的赔偿遵循了全赔原则,平衡了各方利益。华盖公司希望通过诉讼获得商业利益行为不利于知识产权创造、运用,最终会有损社会公共利益,违背了责任规则追求的双方效益最大化目的。因此,笔者赞同最高人民法院的最终判决,既明确了华盖公司诉讼的正当性,同时也否定了华盖公司过高的赔偿请求,阻止了维权诉讼商业化倾向。

(三)灿星案分析

灿星案即北京北方鑫柜餐饮有限责任公司(以下简称北方鑫柜公司)与上海灿星文化传媒股份有限公司(以下简称灿星公司)著作权权属纠纷案。①

案情:灿星公司以北方鑫柜公司经营的北方鑫柜 KTV 未经其许可使用了其拥有著作权的《中国之星》第二期中 9 首音乐电视作品为由,向法院提起诉讼,请求判令北方鑫柜公司立即停止侵权并赔偿灿星公司经济损失及合理支出 2 万元。

一审法院认为,涉案节目系音乐选秀节目,内容不仅包括人物竞演,还包括了造型、动作、布景、镜头的色调与变化、现场灯光与音乐的配合、乐队的演奏等内容,将歌手的表演、画面、音乐等元素融合为一个整体形成完整的表达,从而体现出个性化特征,达到著作权法对作品的独创性要求,其独创性并非为内容上选择或编排,应认定每期节目均属于著作权法规定的以类似摄制电影

① 案例来源北大法宝:http://gzlx. pkulaw. cn/case/pfnl_a6bdb3332ec0adc479b83789bb2a473c5b68a7b6997d4658bdfb. html? keywords = % E4% B8% 8A% E6% B5% B7% E7% 81% BF% E6% 98% 9F% E6% 96% 87% E5% 8C% 96% E4% BC% A0% E5% AA% 92% E8% 82% A1% E4% BB% BD% E6% 9C% 89% E9% 99% 90% E5% 85% AC% E5% 8F% B8&match = Exact,2020 年 5 月 28 日最后访问。

的创作方法创作的作品。著作权属于作者,如无相反证据证明,在作品上署名的公民、法人或者其他组织为作者。依据涉案节目 DVD 光盘版权声明内容及《作品登记证书》《情况说明》《授权书》等证据,灿星公司的权属证据链条完整,在北方鑫柜公司无相反证据的情况下,灿星公司享有涉案节目的放映权及相关维权权利,系本案适格原告。北方鑫柜公司在其经营场所中通过歌曲点播机向不特定公众提供涉案作品、供公众进行放映,使用涉案作品用于商业经营,而北方鑫柜公司又未提供证据证明其放映上述作品取得合法授权或具有合法来源,依照法律规定,北方鑫柜公司的行为侵犯了灿星公司的放映权,依法应承担赔偿损失的侵权责任。同时法院认定北方鑫柜公司为涉案 KTV 点唱服务的实际经营主体。而对于赔偿损失及合理支出费用,法院认可灿星公司提交的取证支出的金额为 260 元的消费票据和金额为 1500 元的公证费发票,但对于灿星公司主张其每案维权支出为 1450 元,一共提起 8 案的说法不予支持。同时灿星公司未提交证据证明其实际损失和北方鑫柜公司的违法所得,法院综合考虑涉案节目的知名度、涉案歌曲数量、北方鑫柜公司的侵权主观过错等情节,最终判决北方鑫柜公司赔偿原告灿星公司经济损失 1800 元及合理开支 600 元,以上共计 2400 元。北方鑫柜公司不服一审判决,提起上诉。二审法院认为,第一,涉案作品在未得到权利人灿星公司的授权许可即在涉案 KTV 歌曲点播机上进行放映,存在侵权事实,对此本案双方当事人均予以认可。第二,灿星公司针对涉案 KTV 公证取证后,取得盖有“北方鑫柜公司发票专用章”印章的发票及商户名称为北方鑫柜公司的刷卡消费单据,发票金额与刷卡消费单据金额一致,一审法院据此认定北方鑫柜公司为涉案 KTV 点唱服务的实际经营主体,并无不当。第三,北方鑫柜公司实际收取了涉案 KTV 的经营收入,认定涉案 KTV 是其经营的。最终判决驳回上诉,维持原判。

本案是近期发生的一起典型知识产权商业化维权案例,灿星公司经常以侵权人侵犯自己享有的音乐、类电作品著作权为由提起著作权侵权之诉,在北大法宝上以“上海灿星文化传媒股份有限公司”为关键词,检索到 11,961 个相关知识产权案例,[①]最早的案例是 2016 年 10 月,至今不过三年多,知识产权纠纷数量却呈现指数型暴增,是近年国内知识产权商业化维权的典型代表。本案案情并不复杂,焦点不在于是否存在著作权侵权行为,而在于被告北方鑫柜公司一直主张自己不是涉案 KTV 经营者。而对于著作权侵权行为及损失一审、二审法院都予以确认,并给出相同的赔偿金额 2400 元。远远低于灿星公司主张的 2 万元赔偿金。法院的判决结果是充分考量到案情及灿星公司可证明的合理支出费用后作出的,一方面是对著作权侵权行为的否认,另一方面也平衡了双方利益。此次知识产权商业化维权诉讼并未达到商业化的盈利目的,但其和前述华盖案的最终结果一样有利于阻止维权诉讼商业化倾向。

(四)知识产权商业化维权分析

1. 成因分析

从法经济学视角看,理性人是法经济分析理论的基础,知识产权的财产权属于财产权的一种,财产权以“理性人假设”为定位,即人的行为是理性选择的结果,理性人以追求自身利益最大化为目标。理性考量在一定手段、行为条件下行为的有效性及合理性问题,理性行为不受道德规

① 数据来源北大法宝:http://gzlx. pkulaw. cn/case/gzlx? Keywords = % u4E0A% u6D77% u707F% u661F% u6587% u5316% u4F20% u5A92% u80A1% u4EFD% u6709% u9650% u516C% u53F8,2020 年 7 月 7 日最后访问。

则等规范的规制，仅在手段合理情况下尽可能有效地行动，突出特征即实现利益最大化。[①] 每名知识产权权利人从自私角度出发根据自己所有的知识产权受侵害的事实进行判断，考虑自己享有知识产权的私人成本，进而作出不同选择，并对不同选择进行"成本—收益分析"，选择预期成本最小但预期收益最大的选项。但知识产权权利人在获得私人利益时不会考虑社会成本，因此在获利的同时往往会损害社会公共利益，属于不完全理性人。不完全理性人的存在就意味着必须要通过法律、行政等手段介入来规制，以防不完全理性人的行为危害社会公共利益。

2. 维权成本分析

知识产权诉讼的维权成本基本可以分为：律师费、调查费、公证费、公证人员和维权人的食宿交通费用以及诉讼费。该成本是维权必须付出的成本，除此之外还有败诉风险带来的风险成本。专业维权人通过风险代理或买断的方式代为进行诉讼，对权利人而言，专业维权人的风险代理降低了风险成本，代替维权让权利人无须承担维权成本，而同时拥有相关专业法律知识对于提升胜诉率提供了保障，这促使权利人与专业维权人签订代理合同开展维权诉讼。

3. 维权收益分析

从当前学者根据知识产权维权司法实践中的总结来看，法院判决中表述判赔因素有八股倾向，脱离全部赔偿原则。在各地法院审判实践中，判决书作出的表述基本为"本院综合考虑被告主观过错程度、侵权行为性质、侵权时间长短等因素酌定赔偿数额"。这样未表述出侵权人过错程度大小，侵权行为性质恶劣与否，侵权时间长短以及给权利人造成之实际损失于最终确定的赔偿数额的联系，脱离了全部赔偿原则，基本由法官自由裁量作出法定赔偿。各地法院甚至形成所谓判赔行情，有法院干脆明文规定辖区内法院判赔标准，形成著作权维权的利益预期，为专业维权人评估收益作参照，使专业维权人敢于签订代理合同。[②] 根据《商标法》《专利法》关于侵权赔偿的规定，侵犯商标权法定赔偿最高可达500万元，侵犯专利权法定赔偿最高可达100万元。《著作权法》虽然尚未确定最终修改方向，但依照目前的修正案草案看，法定赔偿最高可达500万元。因此，知识产权维权诉讼预期收益有保障，知识产权权利人自然而然地会选择专业维权人代理维权，以图最大限度获得利益。

4. 影响分析

知识产权权利人作为不完全理性人，其考量的成本是私人成本，收益是私人收益，没有考虑其行为带来的社会成本及可能对社会利益造成的损害，知识产权商业化维权诉讼带来的影响必然是两方面。一方面，知识产权商业化维权带来的负面影响包括以下三点：(1)知识产权商业化维权扭曲了知识产权的价值。知识产权商业化维权违背知识产权的立法宗旨，我国知识产权法的立法目的是激励创新，促进社会科技文化发展，但作为实际维权主体的专业维权人仅是为了通过诉讼维权而获取经济利益。这种从大量诉讼中盈利的维权模式下，最终受益的是专业维权人，而非知识产权权利人。知识产权商业化维权背离了知识产权保护的宗旨。(2)知识产权商业化维权违背民事诉讼法的立法目的。商业化维权容易导致恶意诉讼，有观点认为知识产权商业维权诉讼，会导致所谓的恶意维权，或者会把司法作为收钱的工具。[③] 知识产权商业化维权将诉讼

① See Richard A. Posner, *Economic Analysis of Law*, 6th edition, Aspen Publishers, 2003, pp. 9－18. 转引自熊琦：《著作权激励机制的法律构造》，中国人民大学出版社2011年版，第7页。

② 何震、杨元新：《商业化维权对著作权侵权案件审理的挑战与应对》，载《法律适用》2012年第7期。

③ 孔祥俊：《以创新的思路保护创新——当前知识产权审判新思考》，载《人民司法》2013年第9期。

变成了谋利的商业模式,与民事诉讼法立法背道而驰。(3)知识产权商业化维权以利益为导向,而利益的驱使使权利人或专业维权人故意放纵侵权等待侵权行为达到一定程度之后再采取维权行为以获取更大利益,形成所谓“放水养鱼”之策,不利于及时阻止知识产权侵权行为,反而会在一定时间内助长侵权之风。另一方面,知识产权商业化维权的正面影响包括以下两点:(1)知识产权商业化维权依照正常法律程序开展,并无违法之处,客观上有利于打击知识产权侵权行为,一定程度上制止了侵权行为的泛滥,同时也促进了知识产权意识在民众中的普及,对改变目前我国知识产权侵权行为猖獗的现状有一定积极意义。(2)知识产权商业化维权通过低成本、高效率、规模效应的维权模式积极维护知识产权权利人权益,对于促进科技研发、文化创作传播有一定积极影响。

三、如何应对知识产权商业化维权

首先需要明确的是知识产权维权诉讼本身并不违法,但商业化的运作导致这种维权诉讼有悖于建立知识产权制度的目的,需要有针对性地从司法、行政等方面采取措施对知识产权商业化维权进行规范。

(一)司法机关的对策

法院对于知识产权商业化维权诉讼规制要点主要是赔偿数额,过高的赔偿对于被告而言显失公平,过低的赔偿又会损害原告权益,打击维权积极性。根据现行法律规定,法院确定的赔偿数额应先后考虑权利人因被侵权所受到的实际损失、侵权人在侵权期间因侵权所获收益以及许可费三大判赔因素,为遵循全赔原则,权利人的损失应首先考虑是理所应当的,但司法实践中多数情况下权利人损失无法判断,这种情况下考虑侵权人的获利难以达到全赔原则的要求。因此,笔者认为法院判赔数额除首先考虑权利人损失外,应当同时考虑侵权人获利以及许可费两大因素,在此基准上综合考虑侵权行为的性质、时间、影响,被侵害知识产权的许可使用情况、使用许可费,甚至被告履行能力等因素,从而更有利于确定合理赔偿数额。

知识产权商业化维权诉讼并非全都是正当的,也有部分诉讼涉嫌滥用诉权。因此,人民法院应当加强对知识产权商业滥诉行为的研究。

虽然知识产权商业滥诉具有知识产权商业维权诉讼的大部分特征,其在形式上打着维护知识产权权利人的合法权益的名义,但实质上“维权人”并不是以维护知识产权权利人的合法利益为主要目的,而是以追求高额的经济利润为主要目的。在这种利益驱动之下,维权人根本不顾知识产权权利人的权益或社会公共利益,明显过度追求诉讼带来的经济利润,演变成为异化的知识产权诉讼形态。从现有的司法判例来看,知识产权商业滥诉行为的主要表现为:

第一,诉讼维权获得的赔偿金额明显大于知识产权正常使用创造的商业价值;是以追求诉讼赔偿的商业利益为主要目的,而不是以制止侵权、弥补损失为主要目的。

第二,为追求商业利益的最大化有时不择手段,或采取“碰瓷维权”的手段,即对知识产权不采取任何保护措施,也不设置必要的权利提示,甚至故意设置一些暗示性内容,暗示他人可以使用,进而“促使”他人“侵权”,或采取“钓鱼维权”的手段,即在销售商没有销售侵权商品的情况下,维权人要求其进货并销售,然后起诉销售侵权的行为,或维权人采取“放水养鱼维权”的手段,往往故意放纵侵权源头、任凭终端侵权行为长期存在,待侵权行为成规模化之后,再通过大规模的诉讼维权获取更大的经济利润。

第三，维权诉讼的权利基础不稳固，甚至没有权利。维权人采取批量维权时可能会加入一些无效的专利、商标，利用数量为武器，威胁所谓“侵权人”，而侵权人如没有足够的时间与精力投入到每个权利分析中，往往被迫接受维权人的不合理和解金额。即使通过诉讼解决，在法院调解过程中，维权人依然可以借此对侵权人施压。此外还有一些专利缺乏创造性、新颖性，专利基础不稳定，在无效诉讼程序中，也极有可能将被认定无效，或显而易见不构成侵权，维权人依然据此对所谓“侵权人”提出索赔。

法院在审理知识产权维权案件中应当重点考量上述知识产权滥诉行为的特点，通过仔细分析案卷材料，充分听取双方当事人意见，判断是否属于滥诉行为，进而决定如何判决，以达到规范引导商业维权人正确行使诉讼权利的目的，促使知识产权商业维权诉讼健康发展。

（二）行政机关的对策

知识产权行政保护与司法保护双轨制是我国独具特色的知识产权保护模式。相对于司法保护而言，行政机关保护知识产权的最大优点就在于其可以积极主动地制止知识产权侵权行为。而在应对知识产权的商业化模式中，行政机关理应发挥更大的作用。

首先，行政机关应当认真履行“市场治安员”的责任。知识产权侵权行为人靠侵权产品在市场上流通、销售获利，如在此期间，行政机关对侵权产品从流通、销售环节加以严控，及时采取罚款、查封、扣押等行政手段制止侵权行为，不但在效率上远胜于权利人自我救济和司法救济，同时还可以以行政处罚的方式，使侵权人受到打击，从而在行政层面就能停止侵害加深，达到预防再侵权的目的。

其次，行政机关应该发挥“主动性”的权力优势。知识产权商业化运行模式需要达到“放水养鱼”的效果，即只有当侵权行为达到一定的严重后果时，才有经济利益可图，才会启动权利人维权机制。而行政机关在此前，完全可以通过行政手段，主动出击制止侵权行为，维护市场稳定，如工商局针对市场盗版光碟的稽查，文化局对网吧等视频播放的定期检查等，从一开始就将知识产权商业化维权模式的源头堵住。这不仅可以促进行政机关提高工作效率，更推动了知识产权保护体系的建立。

（三）其他对策

首先，知识产权商业化维权诉讼发生的根源在于知识产权侵权行为的存在。而减少知识产权侵权行为首先需要提升企业、社会公众的知识产权意识，认识到知识产权保护的必要性。因此，强化知识产权教育，增强社会公众的知识产权意识十分必要。笔者认为，要强化社会公众知识产权意识，让企业打消吃“免费午餐”的念头需要政府、媒体以及高校三方共同努力。政府应当利用官方网站、办公地点、政务服务平台等官方公共渠道强化宣传知识产权知识，大力宣扬知识产权行政保护的成果，积极举办各类知识产权有奖比赛，鼓励社会公众学习知识产权，设立专门知识产权援助机构，帮助企业学习认识知识产权，告诫企业切勿侵权；媒体应当及时报道典型知识产权侵权案例，引导社会舆论批评、抵制知识产权侵权行为，促使企业意识到知识产权的重要性，打消企业侵权念头；高校则可以通过与企业合作举办各种知识产权活动如专业学术讲座、知识产权公益宣传，增强企业对于知识产权侵权行为的认识，明确知识产权合理使用与侵权的边界，增进企业对知识产权侵权行为的理解与认识，从而降低企业侵权概率。

其次，知识产权商业化维权的目的是通过诉讼获得高额经济利润。因此，专业化的维权团队也会倾向于快捷便利、节省时间和成本的解决方式，而相对于诉讼而言，仲裁有很大的优势。根据我国《仲裁法》的规定，仲裁实行“一裁终局”制，更加高效便捷，裁决具有终局性的法律效力，节省了时间和金钱,与知识产权特性非常契合。相对而言,根据前文的案例,目前的诉讼中法院虽然也注意到遏制商业化维权倾向,但上述案例均经过二审甚至再审,程序复杂,耗时长久,无论是对原告还是被告都不利。此外,根据《纽约公约》,仲裁裁决可以在世界上 163 个国家和地区①顺利得到承认与执行。因为仲裁机构与其他国家机关无行政上的隶属关系,当事人通过选择中立的仲裁庭处理争议,能够有效地避免地方保护主义,有利于使其合法权益得到公平公正的保护。而仲裁的灵活性及专业性也确保仲裁可以灵活处理知识产权纠纷,有利于科学专业地解决各种新颖的疑难问题,保障各方当事人利益。对知识产权纠纷采取仲裁方式解决是应对知识产权商业化维权的有效方式。因此,企业在面对知识产权专业化的维权团队时,可以协商与其达成知识产权仲裁共识,约定通过知识产权仲裁来解决纷争。企业一旦协商成功,通过知识产权仲裁解决纠纷,可以选定仲裁员组成仲裁庭更大程度维护自身合法权益,同时在专业人士的灵活判断下,可以在短时间内获得更令人满意的结果。

四、结语

本文通过对现存知识产权商业化维权模式的介绍,结合现有司法案例研究其特点,从法经济学角度出发对知识产权商业化维权的成因、成本、收益及影响展开分析,并从司法、行政及其他方面提出了针对性应对建议,包括判赔因素的考量,区分滥诉行为的标准,主动性的知识产权行政执法,政府、媒体及高校在宣传提升知识产权意识中应起的作用,知识产权仲裁在处理知识产权商业化维权的优势。本文就知识产权商业化维权模式的研究是基于现有司法案例进行的,在知识产权仲裁不断发展的今天,仲裁遇到商业化维权又会出现什么变化有待进一步研究,本文限于篇幅不再展开,仅抛砖引玉以求对后续研究有所裨益。

Research on the Model of Intellectual Property Rights Protection Commercialization —Take the Huagai Case and the Stars Case as Examples

By Xu Kunyu

Abstract: In recent years, the number of intellectual property rights protection litigation has increased rapidly. While the litigation has effectively cracked down on intellectual property infringement, there are still some problems. Some intellectual property rights holders have alienated their rights protection behavior, and the focus of litigation has changed from protecting intellectual property rights to making use of litigation for profit, which is known as the commercialization of intellectual property rights protection. Based on the Huagai series of cases and the Canxing series of cases in recent years, the author attempts to study the mode of Intellectual property commercialization protection, and puts forward the corresponding countermeasures.

Key Words: intellectual property rights; protection commercialization; Huagai case; Stars case

(责任编辑:江若诗)

① 《〈纽约公约〉迎来第 163 个邦成员国!》,载长春仲裁委员会:http://www.ccac.org.cn/f/view-9-e2ca2c2b7344404289ab741a44dd19ea.html,2020 年 7 月 7 日最后访问。

两岸商事仲裁制度之比较

——以仲裁制度的完善为视角

龚　璞*

内容摘要　加强对两岸商事仲裁制度的比较研究具有现实的必要性和制度层面的可行性。比较两岸在可仲裁事项、仲裁协议、仲裁机构、仲裁裁决程序和临时仲裁领域的规定，可以发现我国台湾地区的仲裁制度更加突出灵活性与独立性的特征。我国台湾地区"'中华仲裁协会'106仲声孝字第018号"仲裁案更加体现了仲裁机构独立性的重要意义。为完善祖国大陆的仲裁制度，应当增强仲裁机构的独立性，推广临时仲裁制度，同时借鉴我国台湾地区经验优化部分仲裁程序。

关键词　商事仲裁　两岸　比较　仲裁制度完善

一、引言

近年来，两岸的经贸往来日益频繁，经济联系日益密切。例如，2019年1～9月，大陆与我国台湾地区贸易额为1648.7亿美元，同比下降2.4%。其中，大陆对台出口397.7亿美元，同比上升12.8%；自台进口1251亿美元，同比下降6.4%；对台贸易逆差853.3亿美元。我国台湾地区是大陆第七大贸易伙伴和第五大进口来源地。大陆是我国台湾地区最大的贸易伙伴和贸易顺差来源地。① 两岸同属一个中国却是两个不同的法域，两岸特殊的政治关系也给经贸往来带来了一定的不确定性，在祖国统一大业完全实现之前，仲裁对于解决两岸经贸争议而言有着不可比拟的优势。② 故而，加强对两岸商事仲裁制度的比较研究，具有现实的必要性。

两岸商事仲裁的法规与制度，虽然均有一定的基础，但为了应对互联网经济时代下错综复杂的争议事件，同时与仲裁国际化的必然趋势接轨，两岸如何完善自己的仲裁制度的问题，值得深思与研究。在对两岸"仲裁法"进行比较的基础上，辅以对我国台湾地区商事仲裁典型案例的分析，试着对大陆仲裁制度的发展完善提出建设性意见。

二、两岸商事仲裁制度之比较

两岸对商事仲裁制度的认知有共同的历史背景和文化基础，且两岸发展市场经济和外向型

＊ 龚璞，武汉大学诉讼制度与司法改革研究中心助理研究员。

① 《2019年1－9月大陆与台湾经贸交流概况》，载商务部网：http://tga.mofcom.gov.cn/article/sjzl/taiwan/201912/20191202923787.shtml，2020年3月5日最后访问。

② 刘冰：《〈海峡两岸仲裁中心仲裁规则〉评述——以比较研究为视角》，载《海峡法学》2016年第4期。

经济的历史同样短暂。在借鉴域外法治发达国家仲裁制度的基础上，两岸于20世纪90年代中期不约而同地制定出新的“仲裁法”，以期应对快速发展的市场经济与现代社会治理模式所带来的新挑战。这些事实表明，通过文本比较和法理分析的方式研究两岸商事仲裁制度，具有相当的可行性。笔者将从可仲裁事项、仲裁协议、仲裁机构、仲裁裁决程序和临时仲裁五个领域对两岸仲裁制度进行比较，并结合国际先进仲裁制度加以对比评述。

（一）可仲裁事项

可仲裁事项是指可以通过仲裁程序解决的争议事项。在此问题上，大陆《仲裁法》第2条和第3条分别界定了可以仲裁和不能仲裁的争议事项范围，即仲裁限于平等主体之间的合同纠纷和其他财产权益纠纷，并且婚姻、收养、监护、扶养、继承纠纷和依法应当由行政机关处理的行政争议不能进行仲裁。大陆《仲裁法》基本是以列举的方式界定可仲裁事项的范围，而没有将界定可仲裁事项的标准概括为一般性的原则。

我国台湾地区“仲裁法”第1条第2项规定，可仲裁事项“以依法得和解者为限”，也就是说，只要是民事上不涉及公共利益或者公序良俗，当事人可以自由处分的争议事项，均可以就有关现在或将来之争议提请仲裁。我国台湾地区“仲裁法”关于可仲裁事项的规定，实际上参考了德国和日本的立法例，在技术上更加符合国际先进仲裁立法的要求。

由此可见，两岸界定可仲裁事项的标准有较大的差异，与大陆《仲裁法》相比，我国台湾地区“仲裁法”确定的可仲裁事项具有两个主要优点：（1）充分体现了民商事纠纷中的当事人意思自治原则，与仲裁制度的特色相称，对于可仲裁事项范围的确认更加符合当事人的需求。仲裁的一大特征就是自愿性，即高度尊重当事人的自由选择，且当事人的意志很大程度上影响仲裁的结果，这表明适合通过仲裁解决的纠纷应当是在当事人意思自治处理权限范围内的。故而在立法层面，大陆以列举的方式界定可仲裁事项的范围，实际上限制了当事人的自主权利。（2）没有使用诸如“财产权益纠纷”等在实践中相对难以界定的概念，因而对可仲裁事项范围的限定更加明确，不易引发争议。我国台湾地区原“商务仲裁条例”第1条第1款即规定凡有关“商务上之争议”均可以订立仲裁契约提交仲裁，后来在“仲裁法”修订过程中删去了上述说法，此目的就是避免“商务上”的文义解释产生误会，妨碍仲裁的正常进行。大陆《仲裁法》仍然采用“财产权益纠纷”这样的概念，又没有通过立法或者司法解释予以明确，导致在仲裁理论研究和仲裁实践中此问题的争议性都很大。此外，在“宜裁性”问题上，美、英、德、日等国家的仲裁立法，均没有对不能仲裁的事项作列举规定的情况，且当今国际社会的仲裁制度发展的趋势之一就是扩大可仲裁事项的范围。[①]

（二）仲裁协议

仲裁协议是指双方当事人同意将其间已经发生或者将来可能发生的争议交付仲裁解决的一种书面文件。对于仲裁协议相关规范的比较，需要关注的是仲裁协议的形式及妨诉抗辩制度。

1. 在仲裁协议的形式上，大陆《仲裁法》第16条规定仲裁协议必须采用书面方式，我国台湾地区“仲裁法”第1条第3款和第4款也规定仲裁协议应当以书面为之。然而，对于什么是“书面形式”，两岸有不同的理解，大陆《仲裁法》对于书面形式的理解较为宽泛，“以其他书面方式”的

① 宋连斌：《仲裁理论与实务》，湖南大学出版社2005年版，第28页。

用语可以看作对《合同法》(已废止)第11条[①]的援引,书面形式具体包括"合同书、信件和数据电文(包括电报、电传、传真、电子数据交换和电子邮件)等可以有形地表现所载内容的形式"。我国台湾地区"仲裁法"则是以列举的方式明确书面形式为"载于当事人签字之文字、证券、信函、电传、电报或其他类似方式之通讯足认有仲裁合意者"。[②]

两相比较,不难看出我国台湾地区"仲裁法"并未明确规定仲裁协议是否可以采取电子数据交换和电子邮件方式达成。尽管目前电子数据交换和电子邮件的签字问题在实践技术操作上仍然存在问题,但《国际商事仲裁示范法》(以下简称《示范法》)对书面形式作了扩大解释,高速发展的跨地区商业交往也更多地使用电子邮件的方式,这说明大陆对于书面形式的规定不仅与国际先进立法接轨,也更加符合当今科学技术发展和现代商业交往的需要。[③]

2.在妨诉抗辩制度上,大陆通过《仲裁法》《民事诉讼法》及相关司法解释确认了仲裁协议妨诉抗辩的效力,即在仲裁协议存在并且实际有效的情况下,如果当事人就仲裁协议约定提交仲裁的争议事项向法院提起诉讼的,法院应当不予受理或者驳回当事人的起诉。具体而言,法院如果在审查起诉时争议当事人之间就相关争议事项已经形成仲裁协议且该仲裁协议是合法有效的,那么法院应当主动排除自身的管辖权,对相关诉讼不予受理。而如果法院因为不知道有仲裁协议的存在而受理案件,妨诉抗辩生效与否则主要取决于被告的态度。如果被告方在首次开庭前提交了仲裁协议,法院经审查认定该仲裁协议有效,则妨诉抗辩发生效力,相关诉讼应当被驳回。如果被告方在首次开庭前没有提交仲裁协议而直接进行言词答辩,即被告方以自己的行为表明未依据仲裁协议对法院的管辖权提出异议,则视为被告方放弃仲裁协议,妨诉抗辩不生效力,法院应当继续审理相关案件。我国台湾地区则在"仲裁法"第4条规定了仲裁协议妨诉抗辩的效力,即法院并不主动排除司法管辖权,仲裁协议本身并不构成法院驳回起诉的根据,妨诉抗辩的效力取决于被告方的态度。上述规定是将我国台湾地区旧"商务仲裁条例"采用的"驳回诉讼制"变为"停止诉讼制",实际上是依据"诉讼因不合法而被驳回确定者,原告之请求权时效视为不中断"的相关规定。

由此,两岸关于仲裁协议妨诉抗辩的规定,有三个方面的差异:第一,关于法院是否主动排除司法管辖权,两岸规定存在差异,我国台湾地区不主动排除司法管辖权,没有主动介入当事人的私权处分,允许当事人通过合意授予或者排除法院的管辖权,这意味着当事人选择的余地更大,在制度设计上更加合理。[④] 第二,法院受理案件后对仲裁协议妨诉抗辩效力的态度有所不同,大陆采用的是我国台湾地区旧"商务仲裁条例"采用的"驳回诉讼制",而我国台湾地区现在采取的是"停止诉讼制",可见我国台湾地区把仲裁协议的有效性问题交由仲裁庭决断,从而确认了仲裁庭的自裁管辖权。第三,妨诉抗辩提起的时间不同,大陆规定被告方必须在首次开庭前提出异议,而我国台湾地区规定对于强制仲裁案件,无论言词辩论是否已经开始,最终都应该开始仲裁程序。

(三)仲裁机构

大陆《仲裁法》对于仲裁机构的规定为第10条和第14条,法条明言仲裁机构之间相互独立

---

① 对应《民法典》第469条。

② 唐荣智、刘金祥:《两岸仲裁制度和相关立法比较》,载《华东理工大学学报(社会科学版)》2000年第2期。

③ 赵生祥:《海峡两岸商务仲裁制度比较研究》,法律出版社2010年版,第111页。

④ 王利明:《海峡两岸仲裁立法的比较研究》,载《法学评论》2004年第1期。

且独立于行政机关,并且与行政机关之间不存在隶属关系,这表明大陆在立法中努力避免仲裁机构行政化的趋向。然而,该法第10条第2款规定"仲裁委员会由前款规定的市的人民政府组织有关部门和商会统一组建",则或多或少为仲裁机构的建立带来了半官方的色彩。实践中个别仲裁机构成立后仍在不同程度上依附于行政机关,通过行政手段获取案源,导致其民间性和独立性被弱化。①

我国台湾地区"仲裁法"第54条则明确规定台湾地区的各级职业团体、社会团体可以建立或者联合建立仲裁机构,相关仲裁机构负责仲裁人的登记、注销登记及仲裁案件的办理。这说明,我国台湾地区仲裁机构的民间性质被立法明确认同,且台湾地区主要的仲裁机构即所谓"中华仲裁协会"就是作为民间团体存在的,与立法机构和行政机构之间保持独立性。

由此可见,在仲裁机构的独立性方面,我国台湾地区"仲裁法"的规定不仅契合仲裁制度的特征,也更加符合国际潮流。如今,大陆的市场经济和国际贸易高度发达,"一带一路"倡议也推动了与沿线国家在仲裁理论和实务上的交流,大陆商事仲裁制度的快速发展和国际化趋势,必然要求主导商事仲裁的仲裁机构逐渐摆脱行政权力的干扰。

(四)仲裁裁决程序

仲裁裁决程序是指当事人将争议事项依约定提交仲裁庭时,进行仲裁裁决所适用的程序及其次序,也就是规定仲裁的方式、方法与步骤的规范。大陆《仲裁法》第四章对仲裁程序进行了规定,我国台湾地区"仲裁法"第三章为仲裁程序专章。在仲裁裁决程序上,两岸立法的主要区别在于是否允许衡平仲裁的适用、对仲裁裁决的表决以及是否允许进行部分裁决和中间裁决。

1. 衡平仲裁是指在不违反法律、公序良俗以及基本的仲裁程序前提下,经过当事人于仲裁协议中的明确授权,可以依据衡平原则作出仲裁裁决。大陆《仲裁法》第7条规定仲裁应当公平合理地解决纠纷与衡平仲裁的构成要件相距甚远,其没有要求当事人对采用衡平仲裁具有合意且有真实明确的意思表示。我国台湾地区"仲裁法"第31条则广泛借鉴《示范法》和法国衡平仲裁制度的经验,规定仲裁庭经当事人明示合意,可以适用衡平原则作出仲裁裁决。

衡平仲裁制度是法国法的创例,其在衡平仲裁制度的推行上有相当丰富的经验。鉴于祖国大陆与我国台湾地区社会的特殊背景以及两岸民众守法观念尚较欠缺的实际,两岸能否直接援用衡平仲裁制度,引进法国关于衡平仲裁的相关配套措施,值得怀疑。而且,我国台湾地区现今的衡平仲裁,尚有许多周边配套制度存在空缺,如衡平仲裁人的选任及权限问题,对程序法的适用范围包括基本仲裁程序原则的遵守、司法程序排除的限制等问题,适用法律原则和适用约定法则的问题,以及对衡平仲裁裁决的救济问题等,我国台湾地区"仲裁法"均未加以明确规定。因此,在现阶段看来,两岸均不宜贸然实施衡平仲裁制度。

2. 关于仲裁裁决的表决,大陆《仲裁法》第53条规定仲裁裁决应当按照多数仲裁员的意见作出,如果少数仲裁员对此持有不同意见,可以记入仲裁笔录,而当多数意见无法形成时,则仲裁庭应当依据首席仲裁员的意见作出仲裁裁决。我国台湾地区"仲裁法"第32条同样规定了仲裁庭对于仲裁裁决的表决应当过半数同意,在表决过程中如果同意数量没有过半,"以最多额之意见顺次算入次额之意见,至达过半数为止",如果最终还不能达到半数的要求,除非当事人对此问题有其他的约定,仲裁程序在程序上将被视为终结,并由仲裁庭就相关事项通知仲裁当事人,此法

① 邵培樟、梁美英:《涉台投资纠纷仲裁制度创新初探:以多元化纠纷解决理念为视角》,载《台湾研究》2019年第2期。

条实际上是援引我国台湾地区“法院组织法”的规定。

在合议仲裁庭无法形成一致或者多数意见时，我国台湾地区“仲裁法”选择终结仲裁程序，不利于发挥仲裁的效率优势，增加了当事人的负担和纠纷解决的不确定性，不值得推崇。

3. 部分裁决制度，得到了大陆《仲裁法》第 55 条的确认，即允许仲裁庭就仲裁纠纷中事实已经清楚的部分先行裁决，这一制度则没有进入台湾地区“仲裁法”的规范。

部分裁决符合最终裁决的所有形式要求，具有强制执行力，其有利于及时推进相关案情的明确并保护仲裁当事人的合法权益，大陆《仲裁法》的相关规定更有利于仲裁实践的展开也更具效率性。

4. 中间裁决制度，大陆《仲裁法》没有相关规定，但中国国际经济贸易仲裁委员会和中国海事仲裁委员会的仲裁规则，都允许仲裁庭作出中间裁决。我国台湾地区“仲裁法”虽然没有使用“中间裁决”的概念，但其第 30 条的规定在实际上允许中间裁决的存在，即对于当事人包括仲裁协议不成立、仲裁程序不合法等在内的特定主张，仲裁庭认为当事人的请求不具理由的，应当作出仲裁裁决。

国际仲裁的实践已经表明，仲裁庭通过中间裁决制度能够更好地厘清事实，同时推动整个仲裁程序更加顺畅地运转，我国台湾地区“仲裁法”的制度选择更加符合国际实践的经验，更加尊重当事人意思自治。[①]

（五）临时仲裁

临时仲裁是指根据争议当事人的仲裁协议，在争议发生后由当事人推荐的仲裁人临时组成仲裁庭，临时组成仲裁庭负责审理当事人之间的相关争议，并在审理结束作出仲裁裁决后，仲裁庭随即解散的仲裁组织形式。

大陆《仲裁法》第 18 条规定，仲裁协议对仲裁委员会没有进行约定或者约定不明确的，仲裁协议无效。可见，大陆《仲裁法》只承认机构仲裁而否认临时仲裁。不过，大陆推行临时仲裁制度的转机出现在自贸区的建立过程中，最高人民法院《关于为自由贸易试验区建设提供司法保障的意见》中所提及的“三个特定”仲裁为临时仲裁在大陆的落地提供了可能。目前为止，大陆十二个自贸区中已有四个建立了本区域内的仲裁规则，以横琴自贸区为代表部分自贸区已经构建了临时仲裁规则并且开始仲裁实践。从现阶段自贸区临时仲裁的实践来看，临时仲裁因为与大陆《仲裁法》的规定相左，一旦涉及境外执行问题，在不符合当地仲裁法律规范的情况下，恐怕多数国家都会拒绝协助执行自贸区的临时仲裁裁决，这也为自贸区的试验埋下了隐患。此外，由于大陆《仲裁法》与自贸区临时仲裁规则的脱节，还导致临时仲裁规则在实践过程中面临一系列的技术难点，诸多问题的认定在法律规则层面存在争议。

我国台湾地区“仲裁法”第 1 条第 1 款的规定表明域内仲裁不限于机构仲裁，并未排除临时仲裁的可能。其第 54 条第 2 款规定：“仲裁机构之组织、设立许可、撤销或废止许可、仲裁人登记、注销登记、仲裁费用、调解程序及费用等事项之规则，由‘行政院’会同‘司法院’定之。”因此，依据我国台湾地区“仲裁机构组织与调解程序及费用规则”第 38 条的规定：“非经仲裁机构办理之仲裁案件，其仲裁费用之收取，得准用本规则有关之规定”，相关法规等于从理论上承认了临时仲裁的效力。

① 吴玲琍：《海峡两岸仲裁制度比较》，载《甘肃政法学院学报》2006 年第 3 期。

从仲裁实践的角度观察，在我国台湾地区，因为硬件设施与仲裁服务上均存在严重的不足与欠缺，导致争议当事人选择以临时仲裁的方式进行纠纷解决的情形并不多见，每年在台湾地区进行的临时仲裁案例屈指可数。同时，我国台湾地区社会普遍认为仲裁裁决的公正性与正确性，关键在于选任的仲裁员所组成仲裁庭之能力与品质，而争议当事人对于在仲裁机构仲裁员名册内的仲裁员更有信心，对于机构仲裁的信任感自始较高。[①] 可见，即使立法承认临时仲裁，但当社会经济条件存在一定缺陷时，临时仲裁的特征和作用并不能得到有效的发挥。而大陆《仲裁法》不承认临时仲裁，大致是因为考虑到目前大陆的仲裁机构独立性不强，行政机构的干预在一定程度上存在，且目前大陆的社会诚信体系缺位，仍存在民众对仲裁的法律认识不强等不利因素。所以，大陆在自贸区先行推行临时仲裁的试验，待时机和条件成熟之后，再对大陆《仲裁法》进行有关临时仲裁制度修改完善的做法，在实践层面似乎更为可行。

三、我国台湾地区商事仲裁实践的典型案例

基于上文对两岸仲裁法律条文的比较研究，可以看出与祖国大陆的仲裁制度相比，我国台湾地区的“仲裁法”更加突出灵活性与独立性的特征，这为高效合理的仲裁活动提供了更加完备的制度保障。为了进一步了解台湾地区商事仲裁制度的运行情况，笔者选取台湾地区“中华仲裁协会”2018 年“106 仲声孝字第 018 号”仲裁案为典型案例加以介绍分析。

在 2018 年“106 仲声孝字第 018 号”仲裁案中，声请人（台湾地区仲裁程序中采用“声请人”和“相对人”的称谓）为日本企业丸红国际股份有限公司、川崎重工业股份有限公司及株式会社日立制作所，相对人为我国台湾地区“交通部铁道局”。声请人与相对人就“台湾桃园国际机场联外捷运系统建设计划 – 机电系统统包工程轨道工程 N1 – N11 区段减振措施衍生工程费用”发生争议，声请人于 2017 年 3 月 17 日首次提出仲裁声请，后于 2018 年 5 月 2 日提出仲裁变更声明书，请求相对人给付约 5.86 亿元新台币的工程费用并由相对人负担全部仲裁费用。仲裁庭查明的事实是，声请人与相对人于 1996 年签订工程契约合同，由声请人负责台湾桃园国际机场联外捷运系统建设计划机电系统统包工程的建设，但双方缔约之时，均系以本工程仅有业主需求（V）表 3.1 – 1 中所标示十三处特殊振动敏感区需设置减振措施为基础，对于本工程尚有 N1 至 N11“特殊振动敏感点”须施以特别减振措施的事宜，确实无从得悉或预见。仲裁庭根据相关事实认为，就新增材料费用及新增安装费用的问题，应当适用情事变更原则。至于风险比例分配部分，仲裁庭审查全案证据并听取言词辩论后认为：本案因情事变更所增加之工程费用原则应由声请人承担 40% 的风险，相对人承担 60% 的风险。最终，仲裁庭作出仲裁判断，要求相对人给付申请人约 2.37亿元新台币的工程费用，仲裁费由声请人承担 60%，相对人承担 40%。[②]

工程争议如果采取诉讼方式解决，有程序浩繁费时较久的风险，且诉讼庭审中的高度对抗性很容易导致双方当事人关系僵化，进一步影响工程计划的顺利进行，一旦因为诉讼程序导致工程特别是公共工程的停工，还会严重危害社会公共利益。[③] 在本案中，除了仲裁制度自身具备经济性与效率性的特点之外，我国台湾地区“中华仲裁协会”所具备的独立中立地位，是双方当事人特

---

① 吴光明：《商事争议之仲裁》，台北，五南图书出版股份有限公司 2014 年版，第 270 页。

② 参考我国台湾地区“中华仲裁协会”106 仲声孝字第 018 号仲裁判断书。

③ 苏南：《BOT 投资契约工程争议与仲裁研究》，载《中正大学法学集刊》2011 年第 35 期。

别是声请人愿意选择仲裁程序解决工程争议的核心理由。桃园国际机场联外捷运系统建设属于公共工程，招标方系台湾地区"交通部铁道局"，施工方系日本企业，在一般的社会观念中，如果我国台湾地区"中华仲裁协会"受到行政干预采取地方保护主义的态度，那么日本企业的利益显然得不到有效的保护。然而，台湾地区"中华仲裁协会"为首家具有准司法功能的公益社团法人，其人事任免、经济收支、活动举办均由协会自身决定，不受行政机关和司法机构的非法干涉。在双方当事人签署仲裁协议将争议提交仲裁之后，桃园国际机场联外捷运系统的建设并未停工，而在仲裁判断作出之后，双方当事人按照仲裁判断书的内容积极推动工程契约的顺利履行，保障相关捷运线路安全运行至今，受到了社会各界的一致好评。

仲裁的独立性是其灵活性、保密性乃至经济性特点的保障，仲裁机构一旦受到行政权和司法权的过度干预，仲裁相对于其他纠纷解决机制的优势便难以发挥，仲裁的社会公信力和市场吸引力就会大打折扣。我国台湾地区"中华仲裁协会"的独立地位得到了重视，台湾地区有关部门作为平等民事主体参与仲裁案件并被公正对待，事实上更有利于推动仲裁机构形成良好的声誉，更适合成熟市场经济条件下仲裁制度发展的需要。

四、祖国大陆商事仲裁制度的完善路径

（一）增强仲裁机构的独立性

在大陆，仲裁机构"行政化"问题在现实中依旧存在，实践中相当数量的仲裁委员会办事机构领导由行政官员兼任，很多地方规定由政府法制部门管理仲裁机构，给政府法制部门配置了包括仲裁机构的人员调配权、中层干部任免权等管理权力。[①] 在我国部分仲裁行业欠发达地区，甚至出现个别事关地区招商引资重大案件的仲裁要向政府有关领导汇报后才能最终裁决的现象。[②] 不能否认的是，在我国仲裁事业发展的初期，行政机构的领导与帮助起到了相当重要的作用，行政机关对仲裁机构的背书也增强了仲裁的社会公信力，让仲裁完全抛弃政府部门是不现实也是不科学的。为厘清仲裁机构与行政机关的关系，应当注意到，党的十八大以来，仲裁制度面临全面深化改革开放、政府简政放权与鼓励多元化社会治理体系建设的时代背景，仲裁机构的独立性必须得到尊重和增强。

我国台湾地区"中华仲裁协会"独立性得到高度保障的立场值得借鉴，在祖国大陆下一步修订《仲裁法》的改革历程中，首先，应当明确行政机关与仲裁机构的关系，明确由政府部门为仲裁活动的顺利开展提供必要的服务，对仲裁市场的有序发展进行有效的支持与引导，同时避免政府直接干预仲裁案件。其次，应当鼓励仲裁机构推行市场化改革，充分利用市场竞争实现资源的有效配置。[③] 最后，要健全完善仲裁行业自律机制，调动仲裁机构的积极性，培养内部管理人才。

（二）推广临时仲裁制度

从理论上看，临时仲裁和机构仲裁，都是基于当事人的仲裁合意，由当事人选定的仲裁员来裁断是非，解决争议，二者在本质上并无区别。当事人约定组织临时仲裁庭解决争议，是当

① 江伟、肖建国主编：《仲裁法》，中国人民大学出版社2016年版，第86页。
② 马贤兴：《虚假诉讼·虚假仲裁防治与实案精解》，中国检察出版社2018年版，第155页。
③ 刘晓红、冯硕：《制度型开放背景下境外仲裁机构内地仲裁的改革因应》，载《法学评论》2020年第3期。

事人意思自治的体现,法律对此不应加以禁止。与机构仲裁相比,临时仲裁更为自主灵活,有较大的弹性且形式多样,更能体现当事人的意思,充分体现了仲裁制度的灵活性和自愿性的特点。且临时仲裁可以自设仲裁程序,避开仲裁规则中的一些固定规定,更可在较短时间内作出仲裁裁决。

从实践上看,现代仲裁制度肇始于临时仲裁,临时仲裁与商品经济、市场经济的发展关系密切,即使在目前常设性仲裁机构普遍设置的情况下,仍有一定数量的国际商事争议提交临时仲裁庭仲裁,其仲裁结果在世界范围内也获得普遍的认可。而当今的国际社会,包括美国、英国、德国、法国等在内世界上许多国家和地区的仲裁立法对临时仲裁都予以了认可,《承认及执行外国仲裁裁决公约》(以下简称《纽约公约》)、《示范法》和《联合国国际贸易法委员会国际商事仲裁规则》等国际公约或国际规则均规定了临时仲裁制度,从而可见临时仲裁之重要性。近年来,最高人民法院《关于为自由贸易试验区建设提供司法保障的意见》的落地实施以及中国互联网仲裁联盟《临时仲裁与机构仲裁对接规则》的良好实践,都证明了临时仲裁在中国内地是完全必要且具有可行性的。①

中华人民共和国作为《纽约公约》的缔约国,对于外国临时仲裁庭作出的仲裁裁决,我国法院负有承认和执行的义务;但对于在我国作出的临时仲裁裁决,因为其与《仲裁法》的强制性规定冲突,外国法院可以借此裁定该临时仲裁裁决在其本国无效,故而可以不予承认和执行。这样彼此矛盾的情况,不仅造成我国内部不同法域之间仲裁裁决效力的不对等,也造成大陆当事人与外国当事人在仲裁上享有的权利不对等。在长期的仲裁实践中,大陆的理论界和实务界均有期待临时仲裁的声音,但《仲裁法》的规定却只承认机构仲裁这一种形式,这不能不说是妨碍我国仲裁事业发展的原因之一。笔者认为,随着我国改革开放的不断深入和自贸区实验的日渐发展,及早通过《仲裁法》确立临时仲裁制度是十分必要的。一些涉及石油、天然气等特殊领域的纠纷以及互联网贸易背景下越来越多的小额争议等案件,都比较适合采用临时仲裁的方式加以处理。因此,建议在修订大陆《仲裁法》时确认临时仲裁制度,以完善我国的仲裁立法,与国际通行的规则接轨。

(三)其他仲裁程序的优化

在法律条文的拟定方面,我国台湾地区"仲裁法"在可仲裁事项、仲裁协议妨诉抗辩、仲裁裁决程序等领域更多地体现了对当事人意思自治的尊重。在修订大陆《仲裁法》时可以参考台湾地区现行制度的优势部分,更好地发挥仲裁自愿性与灵活性的特征。具体而言,大陆可以借鉴的要点包括:(1)在可仲裁事项上,应当考虑修改列举式的立法规定,未来法律界定的可仲裁事项,应该是"当事人能够自由处分的争议权益"。(2)在仲裁协议妨诉抗辩制度上,应当更加尊重当事人的自由选择权,考虑授予仲裁庭自裁管辖权。(3)在仲裁裁决制度上,有必要新增中间裁决相关规定,赋予仲裁程序更大的活力。

五、结语

通过对两岸商事仲裁制度进行阐释和比较,进一步深化对两岸仲裁制度的理解,祖国大陆可以在下一步的《仲裁法》修订过程中借鉴我国台湾地区商事仲裁制度的成熟部分。不断完善仲裁

① 陈忠谦:《临时仲裁实践的中国方案探讨》,载《仲裁研究》2019年第2期。

法律制度以提高仲裁的域内公信力和国际影响力,让商事仲裁在两岸经贸纠纷解决中发挥更大的作用,是仲裁理论与实务界的共同期待与责任。

A Comparison of Commercial Arbitration Systems between China's Mainland and Taiwan Region
—From the Perspective of Perfecting Arbitration Systems

By Gong Pu

Abstract: It is necessary and feasible to strengthen the comparative study of cross - strait commercial arbitration systems. By comparing the provisions of the two sides on arbitrable matters, arbitration agreements, arbitration institutions, arbitration procedures and ad hoc arbitration, we can find that the arbitration system in China's Taiwan region is more flexible and independent. The arbitration case "Chinese Arbitration Association 106 Zhongsheng Xiao Zi No. 018" demonstrates the importance of the independence of arbitration institutions. In order to perfect the arbitration system in the mainland of China, the independence of arbitration institutions should be enhanced, the ad hoc arbitration system should be popularized, and some arbitration procedures should be optimized by learning from the experience of China's Taiwan region.

Key Words: commercial arbitration; cross - strait; comparison; perfection of arbitration systems

（责任编辑:何　倩）

著作权使用声明

征 稿 启 事

《仲裁研究》由广州仲裁委员会主办，扎根仲裁本土问题，希望通过有见地的观点争鸣和理论研究来解决当前国内仲裁实践中的问题及困惑。

一、征稿范围

国内外仲裁、民商事领域相关的理论和实务问题研究，包括但不限于仲裁业界动态、理论探讨、实务焦点、前沿热点、境外译文等。

二、征稿要求

1. 来稿要求观点明确、论据充分、论证严密、材料翔实、行文流畅，字数在6000～10,000字；

2. 来稿须附有300字以内的摘要及3～6个关键词，并将标的、摘要、关键词的英文翻译附于文末；

3. 来稿应严格遵守学术规范，如出现抄袭、剽窃等侵犯知识产权的情况造成的不良后果，由作者自负责任；

4. 来稿请注明是否第一次投稿以及作者姓名、单位、学位、研究方向、联系电话、通信地址、邮政编码、邮箱等。

三、投稿方式及采用流程

作者请将电子版文稿发送至电子邮箱 zcyj@ gzac. org，我们会在10个工作日内审核稿件并告知稿件录用情况。编辑校对后将收录在《仲裁研究》中，稿件一经采用，稿酬从优。

图书在版编目(CIP)数据

仲裁研究. 第四十七辑 / 广州仲裁委员会主办. --
北京 : 法律出版社, 2021
ISBN 978 - 7 - 5197 - 5135 - 7

Ⅰ. ①仲… Ⅱ. ①广… Ⅲ. ①仲裁-研究-丛刊
Ⅳ. ①D915.704 - 55

中国版本图书馆 CIP 数据核字(2020)第 225965 号

仲裁研究(第四十七辑)
ZHONGCAI YANJIU (DI - SISHIQI JI)

广州仲裁委员会 主办

责任编辑 林 蕊 周 洁
装帧设计 汪奇峰

出版 法律出版社
总发行 中国法律图书有限公司
经销 新华书店
印刷 三河市龙大印装有限公司
责任校对 晁明慧 王 皓
责任印制 胡晓雅

编辑统筹 司法实务出版分社
开本 880 毫米 × 1230 毫米 1/16
印张 8.25
字数 210 千
版本 2021 年 1 月第 1 版
印次 2021 年 1 月第 1 次印刷

法律出版社/北京市丰台区莲花池西里 7 号(100073)
网址/www.lawpress.com.cn
投稿邮箱/info@lawpress.com.cn
举报维权邮箱/jbwq@lawpress.com.cn
销售热线/400 - 660 - 8393
咨询电话/010 - 63939796

中国法律图书有限公司/北京市丰台区莲花池西里 7 号(100073)
全国各地中法图分、子公司销售电话:
统一销售客服/400 - 660 - 8393/6393
第一法律书店/010 - 83938432/8433 西安分公司/029 - 85330678 重庆分公司/023 - 67453036
上海分公司/021 - 62071639/1636 深圳分公司/0755 - 83072995

书号:ISBN 978 - 7 - 5197 - 5135 - 7 **定价**:30.00 元
(如有缺页或倒装,中国法律图书有限公司负责退换)